KB075955

현직 컨설팅업자들이 몰래 읽는
무인 아이스크림 할인점 창업하기

100만원짜리 노하우가 들어있는
무인매장 창업 A-Z

현직 컨설팅업자들이 몰래 읽는 무인 아이스크림 할인점 창업하기
100만원짜리 노하우가 들어있는 무인매장 창업 A-Z

발   행 | 2021년 09월 13일
저   자 | 박지민
펴낸이 | 박지민
펴낸곳 | 인포커뮤니케이션즈
출판사등록 | 2021.09.07.(제380-2021-000127호)
주   소 | 경기도 성남시 중원구 갈마치로 302, A동 1902호
             (상대원동, 성남우림라이온스밸리5차)
전   화 | 1600-6381
이메일 | book@hanbicorp.co.kr

ISBN | 979-11-975875-1-1
www.infocoms.kr

값 16,000원

9 791197 587611
ISBN 979-11-975875-1-1

현직 컨설팅 업자들이 몰래 읽는 무인 아이스크림 할인점 창업하기

박지민 지음

저자소개

박 지 민

〈현직 컨설팅업자들이 몰래 읽는 무인 아이스크림 할인점 창업하기〉는 창업경영 파트너 인포커뮤니케이션즈 박지민 대표가 처음으로 세상에 내놓은 책으로써, COVID-19로 인한 비대면, 비접촉 언택트 소비문화 확산에 따른 '무인 아이스크림 할인점'의 창업 증가로 많은 사람들이 이 책을 보고 창업을 할 수 있도록 준비하였다.

약 력

전. 유통전문기업 (주)한비가 사업총괄실장

현. 정보통신 전문기업 인포커뮤니케이션즈 대표

– 정보통신 브랜드 한비소프트 운영

– 무인 아이스크림 할인점 브랜드 하드이슈 런칭

– 생활 속의 할인점 WOW24(와우24) 브랜드 런칭

현. 무인매장 창업자문 수행

(프롤로그)

　필자는 대한민국에서 사업자등록을 하고 창업을 진행함에 있어서 필요로 하는 거의 모든 시스템을 취급하고 있으며, 창업하는 매장에 제품과 서비스를 공급하는 업을 하고 있다. 이를테면, 스마트슈퍼 시스템, 무인매장 시스템, 무인결제기 키오스크, 포스 시스템, 신용카드단말기, 폐쇄회로 CCTV, IOT 무인자가방범 시스템, 미성년자 신분증 진위여부 감별기, 온라인 PG 등 매장 내 정보화 시스템을 구축하는 사업을 하고 있다. 이러한 지식을 바탕으로 지난 10년간 쌓아온 유통경험과 정보통신 지식을 바탕으로 현재 호황기를 누리고 있는 무인매장 창업자문을 수행하고 있으며, 무인 아이스크림 할인점 브랜드 하드이슈와 생활 속의 할인점 WOW24를 런칭 하였다. 이 책의 머리말에서부터 마지막 페이지까지 다 읽고 나면, 이미 한번 창업을 해본 것처럼 간접경험이 생길 것이고, 실제 창업을 해보면서 간접경험이 직접경험이 될 것이다. 특히나 처음 창업을 하는 사람들에게는 유용한 정보가 매우 많을 것이다. 이 책을 읽는 모든 독자들에게 성공창업을 응원한다.

한비스마트스토어와 WOW24 간단 소개

한비스마트스토어는 경기도 성남 시에 위치한 한국폴리텍대학 성남캠퍼스 내 특수상권에서 운영 중인 매장입니다.

A-Z까지 모두 자사 기술력으로 태어난 하이브리드형 매장이자 샵인샵 (카페+편의점) 매장입니다.

　생활 속의 할인점 WOW24는 스마트슈퍼 컨셉의 하이브리드 무인매장입니다. 근무자가 없는 경우 출입인증 시스템을 이용하여 매장에 입장할 수 있으며, AI 매장관리 시스템으로 운영되고 있습니다. 주류, 담배의 경우 현행법상 근무자가 근무할 때에만 판매할 수 있으며, 근무자가 퇴근하는 경우 자동으로 전동 블라인드가 내려오면서 주류냉장고가 잠기도록 시공되었습니다.

CONTENT

머리말

이 책은 독자에게 시간을 벌어다주고, 시행착오를 줄일 수 있도록 저자의 경험을 바탕으로 도움을 주기 위해 만들어졌다. 원래 경험이라는 것이 시행착오를 거치며, 무언의 대가를 치루면서 누적되고, 그 경험을 토대로 성장하는 것이지만, 이 책을 한번이라도 읽는다면 굳이 직접 겪지 않고, 불필요한 비용을 지출하지 않으며, 더 빠르게 성장할 수 있도록 발판이 되어줄 것이다. 책을 사는 것이 아니라 경험을 산다고 생각하면 책의 가격이 그리 부담스럽지 않을 것이며, 돈의 액수를 떠나 이 책을 읽고 창업을 하는 많은 사람들에게 조금이나마 도움이 되길 간절히 희망한다. 그래서 꼭 무인점포를 창업 하려는 사람들이 꼭 읽고 시작했으면 좋겠다.

이 책은 무인 아이스크림 할인점에 관한 내용을 담고 있지만, 업종이 아이스크림 일분, 다양한 무인점포에 이 책의 내용이 적용 된다. 무인 매장 창업이 호황기를 맞은지 3년이 되어가지만 이와 관련된 책은 현재까지 없다시피 하다보니 많은 예비창업자가 검색에만 의존하며 검증되지 않은 정보를 가지고 창업하는 경우가 매우 많았다. 직장인이 투잡을 하는 경우라면, 더욱이나 읽어보아야 하며, 생계를 목적으로 본업으로 시작하는 경우라면 몇 번이고 정독해서 성공창업을 하길 희망한다.

시뮬레이션을 하며 이 책을 읽고나면, 창업을 해보지 않았더라도 한번 창업을 해본 것처럼 생생할 것이다.

필자가 실무에서 다양하게 상담을 진행하며 겪었던 내용들 위주로 그리고 생각보다 많은 사람들이 알지 못하는 부분들을 첨언하였다.

이 책을 읽고 창업을 한다면, 최소 6개월~1년이면 전문가가 된다.

3가지 의문

- 왜? 사람들은 무인 아이스크림 할인점 창업에 열광할까?

2018년부터 여러 업종 중 "무인 아이스크림 할인점" 창업이 호황기였다. 어떤 신도시는 100M에 하나씩 생길 정도로 수많은 무인 아이스크림 할인점이 생겨났다. 그리고 2019년, 프랜차이즈로 창업하던 형태에서 개인운영 형태의 창업이 늘어났고, 2020년은 개인이 2개, 3개씩 매장을 운영할 정도로 늘어났다. 생각해보자. 그럼 왜? 사람들은 무인 아이스크림 할인점 창업에 열광할까? 아이스크림 말고도 다양한 업종이 있는데 그 많고 많은 업종 중 왜 하필 아이스크림일까?

그 이유는 뒷부분에서 나올 아이스크림의 유통구조의 특성 때문이다. 잠깐 맛보기로 이야기하면, 다른 상품들과 다르게 유통기한이 없다시피 하고, 마진율이 정해져있다. 그리고 유통이 간편하고, 누구나 상품 공급을 받는데 제약사항이 없다. 이렇든 시장진입장벽이 매우 낮다.

또한 아이스크림은 상품 마진율이 평균 30%이다. 이렇다보니 사람들은 하루 50만원의 매출이면 15만원의 이익금, 한 달 30일로 계산하면 450만원을 번다고 생각한다. 게다가 일 매출 100만원 이상을 찍는다고 프랜차이즈 본사에서 광고를 하니, 사람들의 계산법은 일 매출 100만원이라고 생각을 하고, 30만원씩 30일, 900만원의 이익금을 번다고 착각을 하게 된다.

물론, 창업 사이클로 따져보았을 때 초기에는 정말 그렇게 매출을 찍는 곳이 있었다. 그런데 지금은 성숙기를 넘어서고 있는 단계이고 곧.? 아니, 어쩌면 지금은 쇠퇴기에 접어들었을지 모른다.

원래 시장진입 장벽이 낮고, 누구나 할 수 있는 업종은 사이클이 매우 짧다.

그래서 이에 파생되어 다양한 품목을 접목한 무인매장이 생기는 것이다. 그래서 아이스크림만 판매 하는 것이 아니라 세계과자부터 여러 가지 식품까지, 종합으로 취급을 하고 있게 된 배경이 아닐까 싶다.

그런데 무언가 이익에 대한 계산을 할 때, "이 정도는 벌겠지?"하는 마음으로 계산을 너무 과하게 하는 오류를 범하고 있다. 내가 벌어들이는 소득은 최대한 빡빡하게, 지출될 비용은 최대한 넉넉하게 계산을 해야 한다. 창업에는 혹시 모를 변수가 무수히 많이 존재하기 때문이다.

아이스크림이라는 단면만 보았을 때에는 마진율 30%에 유통기한도 없고, 겨울철이 비수기라 하더라도 목 좋은 곳에 입지선정만 잘하면 여름장사로 겨울을 나겠거니 하는 생각들을 많이 한다. 그런데 운영을 해본 경험이 없다보니 반대로 지출에 대해선 어떤 항목으로 고정비용이나 유동비용이 빠져나가는지 잘 알지 못한다. 이 책은 당신의 창업을 도와줄 수도 있지만, 어쩌면 창업을 하지 말라고 경고를 하는 책이 될 수도 있고, 반대로 이 책을 통해 간접경험을 한 후 정말 죽을 각오로 해야 성공할 수 있다고 조언하는 책이 될 수도 있다.

하지만 명심하자. 남이 실패했다고 나도 실패하란 법은 없으며, 반대로 남이 성공했다고 나도 성공한다는 보장은 없다. 상권과 입지가 중요한 것은 사실이나, 좋은 상권과 입지에 오픈해도 점주의 경영 마인드에 따라 망할 수 있고, 좋지 않은 상권과 입지에 오픈을 했다고 하더라도 어떻게 차별화를 두어 운영하느냐에 따라 성공할 수 있다.
그러니 아무리 상권이 좋아야 한다고 한들, 무리하게 과다한 권리금을 주면서까지 오픈하지 않길 바란다.

– 왜? 사람들은 돈을 번다고 생각할까?

앞서 이야기했듯 진입장벽이 매우 낮고, 경험자로부터 혹은 다양한 채널로부터 "무인점포 하나 차려놓으면 내가 매장에 있을 필요도 없고 저녁에만 가서 청소 잠깐하고 키오스크에 있는 돈만 회수하면 된대." 라는 이야기를 듣기 때문일 것이다. 혹은 우연히 지나가는 길에 점주가 없어도 사람들이 알아서 필요한 물건을 구매하고, 계산을 위해 줄이 길게 늘어져 있으니 장사가 잘 되나보다 라고 생각한 것도 이유일 것이다.

또 다른 관점에서 볼 땐 이렇다.

어떤 업종을 창업하든, 무수히도 많은 비용 지출 중에 가장 많이 발생하는 고정비가 "인건비"이다. 그런데 무인점포는 인건비가 들지 않는다고 생각한다. 왜? 사람이 계산을 해주는 게 아니라 키오스크가 계산을 해주고, 엄밀히 말하면 고객이 직접 셀프계산을 하기 때문이다. 몇 백원, 몇 천원, 몇 만원을 판매하기 위해 매장에 있지 않아도 된다는 점이 무인점포의 매력이다.

하지만 동전의 양면처럼 반대로, 아무것도 갖춰놓지 않고 "알아서 오시오~" 한다면 과연 그 어떤 소비자가 그런 매장에서 물건을 구매할까? 오히려 유인으로 운영할 때보다 무인이 더 손이 많이 가는 것 또한 사실이다. 그럼에도 돈을 번다고, 그것도 매장 하나만 차려 놓으면 쉽게 돈을 벌 수 있다고 생각하는 것은 인건비가 지출되지 않기 때문일 것이다. 잠깐 여담으로 이야기하면, 무인점포는 직원등재를 할 필요가 없기 때문에 세법상 공제받을 수 있는 범위가 줄어든다. 과연 인건비가 들지 않는 것이 무조건적으로 버는 것이라고 할 수 있을까? 버는 건 맞지만 무조건적이라는 수식은 빼야 할 듯싶다. 왜 그런지는 우리가 앞으로 차근차근 배워 가면 된다.

많은 사람들이 불로소득을 꿈꾼다. 그런데 시스템을 만들어놓은 상태에서 알아서 소득이 들어오는 것과, 시스템도 만들지 않고 불로소득을 꿈꾸는 것은 명확히 다르다. 오히려 유인으로 운영하는 것이 단골고객을 확보하고 매출을 향상시키는 데에 있어서 더 용이할 수도 있다. 이 책을 읽는 독자 분들 만큼은 노력하지 않고 버는 게 아니라, 노력한 만큼 그 이상을 벌 수 있기를 희망한다.

인터넷의 발달로 인해 우리들이 얻는 이점도 있지만 반대로 불이익도 많다. 그 중 하나는 제대로 된 정보를 검증하는 능력이 없으면 귀가 얇아진다는 것이고, 업체들이 점주를 가장하여 확인되지 않는 정보로 이러쿵저러쿵 이야기들을 한다는 것이다.

필자의 상담 경험으로는 "잘된다기에 저도 해보려고요"라는 마인드로 접근한 사람들 치고 잘되는 곳은 없었다. 정말 잘 되는 곳은 점주의 '마인드' 차이가 좋은 매장을 만들었다고 생각한다.

남들과 같은 것을 하더라도 차별점을 두고, 비록 하나의 조그마한 매장일지언정 점주만의 철학을 담은 곳들은 신기하게도 매출이 평균 이상을 상회한다.

이 책에서 만큼은 당연한 이야기를 하고 싶지 않았지만, 점주의 '마인드'는 정말로 중요한 요소이다. 지금처럼 어려운 시기에도 장사가 잘 되는 곳들은 대부분 장사에 대한 '마인드'가 제대로 정립되어 있는 경우가 많다. 많은 창업전문가들이 말하길 "아이템 조사를 하거나 시장조사를 할 때, 장사가 잘되는 곳을 가지 말고, 장사가 잘 되지 않는 곳을 가서 보라"고 권한다.

많은 사람들이 놓치는 것 중 하나가, 꼭 장사가 잘 되는 곳만을 찾아다니며 "오~ 이 아이템 괜찮나본데?" 라고 생각한다는 것이다. 손님이 많고 장사가 잘 되는 것만 확인할 뿐, 왜 그 매장이 장사가 잘되는지에 대해서는 관심이 없다. 오히려 장사가 잘 되지 않는 곳을 가서 분석을 해야 한다. 왜냐하면 '내가 매장을 오픈하면 저렇게 장사가 안 될 수도 있다, 나는 이럴 때 어떻게 할 것이며, 어떻게 해야 문제점을 극복할 수 있을까?' 라고 생각해야한다. 그리고 나서 장사가 되지 않는 문제점들을 나열 한 뒤 '내가 매장을 운영한다면 이런 상황에 이렇게 해야지'라는 어느 정도 솔루션이 갖춰져야 한다. 많은 사람들이 무인 아이스크림 할인점을 창업하면서 돌아다닐 때, 장사가 안 되는 곳보다 장사가 잘 되는 곳들만을 보는 것 이 문제이기도 하다.

장사가 잘 되지 않는 매장이 내 매장이 될 수도 있다. 창업이 처음이라면 더욱이나 그럴 가능성이 높다. 이미 시작한 후에는 되돌릴 수 있는 방법이 없기 때문에 사전 준비를 철저히 하고 시작해야 한다.

– 왜? 사람들은 장사가 쉽다고 생각할까?

대부분의 소매업이 그렇지만, 특별한 기술이나 재능이 필요하지 않기 때문일 것이다. 그래서 사람들은 장사가 쉽다고 생각한다. 하지만 쉬우면서 돈이 되는 일은 세상에 없다. 그럼에도 무인 아이스크림 할인점이 쉬우면서 돈이 된다는 공식이 왜 나오는 것인지 의문점이 든다. 하지만, 같은 일을 해도 차별점을 두어서 돈을 버는 사람들은 어떤 업종이든 꼭 있다. 적어도 이 책을 읽는 독자분들 만큼은 같은 시장에 들어왔어도 돈을 버시길 바라길 간절히 바란다.

필자는 오히려 장사가 더 어렵다고 생각한다. 옛날에는 "할 거 없으면 장사나 하라"는 식의 발언들을 많이 하였는데, 모든 사업과 장사가 그렇듯 무에서 유를 창조하는 것이기에 그 누구보다도 자영업자는 대단하다고 늘 생각한다. 하지만 같은 일을 해도 그 범주 내에서 또 나뉜다. 장사를 잘하는 사람과 못하는 사람.

잘하고 못하고의 기준은 어떻게 되고, 그건 어디서 판가름이 나는 걸까 하고 생각해봤다. 앞서 이야기 했던 '마인드'와 '지속적인 투자와 관리'다. 지속적인 투자와 관리는 지금부터 할 이야기에 정답이 있다.

예를 한 가지 들자면, 진열 매대에 라면이 진열되어 있다.
그리고 A, B, C라는 라면이 있는데 이중에서 A라는 라면이 제일 잘 판매된다. 그리고 B는 중간, C는 판매량이 저조하다. 대부분의 매장은 이런 상황일 때 "아, C라면은 판매량이 저조하니 저것만 다 판매되면 이제 매입하지 말아야겠다."라고 생각한다. 그러나 장사를 아는 사람들은 그렇게 생각하기 전에, A라면과 C라면의 위치를 서로 바꾸어 보고 판매량을 측정한다. 이렇게 하는 이유는 A라는 라면은 이미 판매가 잘되고 있기에 위치를 바꾸어도 고객은 어떻게든 찾아서 구매를 한다. 만약 A라면과 C라면의 위치를 바꾸었다면, 소비자가 A라면을 찾기 위해 매대를 둘러보는 그 과정에서 다양한 상품을 되고, 새로 나온 상품을 구매할 가능성도 생긴다. 또한 A라는 라면만 먹던 사람들이 A라면 자리에 C라면이 있으면 C라면을 구매할 확률도 올라간다. 그래서 '고객 동선'에 알맞게 상품을 진열해야 하는 이유이기도 하다. 동선이 길어질수록 고객의 시야는 다양한 상품을 눈여겨볼 수 있다. 다만, 당류나 껌 류가 잘 판매된다고 해서 당류나 껌 류를 매장 안쪽에 진열하면 안 된다. 이러한 상품들은 손쉽게 구매할 수 있는 위치에 진열되어야 한다.

필자가 유통관리사 자격시험을 응시하기 위해 공부할 때 배웠던 내용이기도 하고, 실제 매장에서도 사용되는 방법인데, 모든 진열 매대에는 골든 라인이 있다.

골든 라인(Golden line)이란, 사전적 의미로는 '고객이 상품을 보기에 가장 편안하고 직접 손으로 만져 보기에도 수월한 위치의 진열 범위'를 뜻한다. 실무상 통용 되는 뜻은 '상품을 진열 할 때 고객의 눈길이 머무는 높이'를 말하기도 한다. 대형마트는 모든 제조사들이 이 골든 라인을 쟁취하기 위해 다양한 노력을 하고 있기도 하다. 그만큼 진열 매대에서 골든 라인은 중요하다. 또한 우리는 지금 무인 매장을 창업하려는 것이기에 골든 라인에 대해 꼭 배워야한다. 점주가 매장에 상주하면서 일일이 고객을 응대한다면 점주가 추천을 통해 상품 판매를 유도할 수 있지만, 그렇지 않은 무인매장은 고객 스스로 셀프구매를 해야 하기 때문에 골든 라인이 매우 효율적인 판매 방식이 될 것이다.

대형마트나 중형마트에 가면 진열대 부분 부분별로 SALE 상품 스티커가 붙어 있음을 알 수 있다. 미끼상품인 경우도 있지만, 심리적으로 SALE 상품이 노출될수록 고객은 '매장에서 판매하는 상품들이 대부분 저렴하네.' 라는 인식을 갖게 된다. 특히나 무인매장을 이용하는 고객들 중 일부는 '사람이 없는데 왜 가격이 저렴하지 않나?'라는 생각을 할 수 있기 때문에 고객에게 비춰지는 매장의 할인판매 전략은 중요하다. 이렇듯 무인이기에 점주가 더 매장관리를 해야 한다. 그리고 시간적인 투자든, 금전적인 투자든, 매장을 알리기 위한 투자든, 투자와 관리가 병행되어야 한다.

장사든 사업이든 결국은 비즈니스고, 비즈니스의 결실은 매출이고 이익이다. 직장인 세계에서는 노력한 만큼 돈을 벌 수 있는 업종이 영업직이라고들 하지만, 우리들 세계에서는 노력한 만큼 돈을 벌 수 있는 업종은 장사다. 다만 주의해야 할 점은 돈이 되는 노력과 돈이 되지 않는 노력을 구분할 줄 알아야하고, 당장 돈이 되지 않는 노력이라도 어떤 면에 있어서 이것이 장기적으로돈이 되는 부분과 맞닿는 부분이라면 지금 당장 돈이 되지 않는 노력이라고할지언정 일정부분은 투자를 해야 한다.

필자의 경험으로는 무인 아이스크림 할인점을 만만하게 보는 사람들은 그럴능력이 되기 때문이거나 남의 인력을 공짜로 쓰는 사람들이다. 모두가 그렇지는 않지만, 보통의 사람들은 창업을 하고, 대표자로써 본인의 일을 하면서도배우려고 하지 않는다. 하다못해 일반적인 상품등록까지 키오스크 회사에 해달라고 요청하는 것을 보며, 참 많은 생각을 했다. 아이스크림도 배송사원이 진열해주고, 계산은 손님이 하다 보니, 직접 운영을 해보지 않은 사람의 입장에선 점주가 하는 일이 거의 없다고 생각한다. 빙과류 라는 상품 특성 상 녹는제품이기에 국내 상품 중 유일하게 진열까지 해주는 유형은 아이스크림뿐이지만, 이에 길들여지다보니 공산품까지 진열해달라고 하는 경우도 있는데, 이제는 세상이 바뀌었고, 도매시장, 유통시장도 바뀌었다.

옛날에는 각각의 대리점의 담당자가 매장에 방문하여 알아서 발주를 뽑아가고,진열까지 해주었다면 이제는 아니다. 대기업 제조사도 물류비용과 인건비등의비용을 줄이기 위해 직영으로 공급하던 방식에서 3자 물류방식을 택하고 있고,실제 우리가 알고 있는 대기업 메이커도 물류는 물류 전문 업체에서 하기 때문에, 진열은 꿈도 못 꾸며, 매장 앞에 내려놓고 가면 점주가 들여놔야 한다.옛날부터 슈퍼마켓이나 편의점등 소매점을 운영하던 점주는 습관이 그렇게 되어 있어 이런 식으로 구조가 바뀌었다고 했을 때 반발이 있었다. 그런데 우리가 본질로 돌아가서 생각해보면, 왜 우리 매장의 일을 상품을 공급해주는 사람이 해야 하는가?를 생각해봐야 한다. 옛날에는 소매점주들이 항상 하는 말이 있었다. "내가 팔아주니까 고마운 줄 알아야해", 이게 이제는 반대가 되어 상품을 공급해주는 곳에 감사해야 한다. 가면 갈수록 상품공급처는 현저히 줄어들고 있고, 더 이상 옛날처럼 수지타산이 나오지 않기에 영세한 도매업체는 가족끼리 운영을 하기도 하고, 더군다나 요즘사람들은 3D업종 근무를 꺼려하기에 직원을 구하는 일도 쉽지 않다. 그런데 이런 사정은 둘째 치고, 점주가 매장을 위해 하는 일이 없으면 없을수록 매장 매출은 당연히 줄어들 수밖에 없다는 것을 꼭 명심해야 한다.

Chapter1. 무인 아이스크림 할인점 창업을 시작해보자.

창업자의 기본자세와 마인드, 그리고 마음가짐

앞서 창업자의 '마인드'가 중요하다는 것을 강조했다. 그리고 지금 또다시 강조하려고 한다.

무인 아이스크림 할인점은 대부분 N잡을 하는 사람들이 주를 이루고 있다. 그 말인즉슨 본업이 있다는 이야기이고, 본업이 또 다른 자영업일 수 있지만 대부분 직장생활을 하는 사람이 부업의 개념으로 근로소득 외 추가소득을 얻기 위해 오픈한다는 것이다.

그래서 오로지 직장생활을 할 때에는 알지 못하고, 느끼지 못했던 것들을 N잡으로 창업을 하면서 태도와 마인드가 180도 바뀌게 된다. 매장이 작든, 크든, 매출이 작든, 크든 그것은 중요한 것이 아니다. 사업자등록증에 '대표자'라고 적힌 이름이 주는 효과가 생각보다 크고, 그로인해 책임져야 할 것들과 막중한 임무가 부여되는 듯한 느낌을 받는다. 웹 서핑을 쭉 해보면, 무인 매장 창업과 관련된 프랜차이즈들이 '시간을 활용하여 제2의 소득을 노려

보라' 혹은 '하루 30분이면 매장관리 끝' 이라는 멘트로 가맹점을 모집한다. 그리고 아무것도 모르는 우리는 이 말에 혹해 뭔가에 홀린 듯, "매장을 창업하면 조금씩만 관리해도 돈을 벌 수 있다고?", "맞아 요즘 무인매장이 뜨긴 하지?", "창업비용이 얼마지?", "나도 한번 해볼까?" 라는 순으로 전개가 된다. 필자는 개인적으로 아무 준비 없이 '괜찮다고 하는데 나도 한번 해볼까?' 라는 마인드로 접근한다면 가차 없이 하지 말라고 뜯어말리고 싶다. 이런 저런 변수가 많은 창업에, 아무런 준비 없이 시작하는 것은 매우 위험한 일이고, 가맹점을 늘려야 하는 입장에선 나쁜 것보단 좋은 것만을 보여주려고 하기 때문이다. 무인 매장 창업만 하면, 정말로 하루 30분의 관리만으로 고소득을 올릴 수 있다고 생각하면 안 된다.

하나의 예로 무인 매장을 창업했다고 가정해보자.
창업을 준비하고 최종 오픈하기까지의 과정을 스킵하고, 지금 매장이 하나 차려졌다. 아이스크림은 빙과업체에서 납품 및 진열해주고, 소비자는 알아서 셀프로 결제하고 있다. 매일 매일이 이렇게 평화로울 수 있을까? 답은 절대 아니다.

지금부터 몇 가지 현장에서 발생하는 문제점들을 알려주겠다. 누구나 이런 상황이 닥칠 수 있다. 잘 메모했다가 대응방법을 준비해놓으면 훨씬 운영이 수월할 것이다.

처음 창업하는 사람들이 몰랐던 내용 중 하나는 '바코드'이다. 모두가 처음 창업 시에는 빙과업체로부터 상품 데이터를 받아 키오스크 업체에게 자료를 넘기고, 키오스크 업체는 전달받은 상품 데이터를 키오스크에 일괄 등록을 해준다. 그러나 운영을 하다보면, 물가에 따라 가격이 오른다. 모든 상품은 가격이 변동되면 바코드가 바뀌게 된다. 첫 창업 시에는 이 사실을 알지 못해 별도로 체크를 할 생각도 못한다. 이 이야기를 빙과업체에서 해줄 수도 있지만, 반대로 해주지 않는 경우가 많으며, 해줄 '의무'는 없다. 거래처 관리 차원에서 '어떤 상품이 가격이 올랐다'고 말은 해줄 수 있지만 바코드가 바뀌었다는 말을 해주지 않는다. 사업주는 이 사실을 알지 못하기에 그냥 모르고 있다. 그러다가 CCTV를 보니 어떤 고객들이 자꾸 상품을 키오스크에 찍어보고 다시 제자리에 가져다 놓는 경우가 발생하는 것을 보고 직접 확인을 해보면, 분명 등록했던 상품이고 판매가 되던 상품인데 '미등록 상품'이라고 뜬다. 사업주는 '이게 뭐지?' '키오스크가 고장났나?' 등등 다양한 생각을 하며 원인을 찾게 된다. 기존 재고라도 있었다면 비교라도 해볼 것을, 보통 기존 재고가 없거나, 빙과업체 직원이 기존제품을 위로 올려주고 납품하는 제품을 아래로 내리는 선도관리를 해주는 경우가 거의 없기에 이마저도 쉽지 않다. 아무튼, 이런 문제로 키오스크 업체에게 문의해서 바코드가 다르다는 것을 알게 되는 일도 적지 않은 실 사례이다. 그럼 여기서 또 빙과업체에게 "가격이 변동되었으면 알려줘야지 왜 안 알려줬나? 판매 못한 거 책임질 거냐."등등 말도 안 되는 어깃장을 놓기 시작한다.

　이 책을 한번이라도 읽었다면, 절대로 위와 같은 언행은 하지말자. 지금 매장은 여러분의 매장이다. 반대로 매출이 아주 잘나온다고 해서 빙과업체에게 매번 진열해주니 고맙다고 밥이라도 사 줄 것 인가? 분명 아닐 것 이다. 모든 책임은 사업주가 지는 것이다. 그리고 사람과의 관계, 비즈니스 관계에서는 위와 같은 언행을 하는 사람에게는 그 누구도 어떤 혜택도 주지 않는다.

　또한 모든 상품은 입고가 되면 입고확인을 거치고, 제대로 상품이 입고되 없는지 검수하는 과정, 바코드를 확인하는 과정을 거쳐야 한다. 다만 무인 아이스크림 할인점을 창업하는 사람들이 이 과정을 하지 않는 것뿐이다.

또 다른 사례로는 '6시간동안 키오스크가 작동하지 않은 사례'이다. 무인 아이스크림 매장은 타 업종에 비해 '전기'가 굉장히 중요한 역할을 한다. 아이스크림 냉동고, 키오스크, CCTV, 인터넷 등 모두가 '전기'가 필요하며, 특히나 냉동고는 꺼지기라도 하면 그 안에 들어 있는 모든 아이스크림을 버려야 하는 최악의 상황까지 발생하기 때문이다.

어느 날 필자가 자문을 통해 창업을 한 무인 아이스크림 매장에서 연락이 왔다. "6시간동안 키오스크가 꺼져있었는데 그걸 지금 알았습니다. 왜 꺼진 걸까요? 이거 키오스크 업체에 손해배상 청구해야 하는 거 아닌가요?" 이 글을 읽는 여러분은 이 말을 들었을 때 어떤 생각이 드는가?

1번. "맞아. 키오스크만 믿고 있었는데 키오스크가 꺼져서 장사를 못했으니 업체에서 보상해줘야지"

2번. "아니지. 그걸 6시간 뒤에 알게 된 점주가 잘못한 거지"

이렇게 말하면, 2번을 이야기를 하지만 눈은 1번에 가 있을 것이다. 하지만 이건 엄연히 사업주의 책임이다. 무인으로 운영할 수 있고 매장에 있지 않아도 매출이 발생되는 매력에 끌려 무인매장을 오픈 한 것은 사업주의 선택이다. 따라서 사업주가 매장에 없는 시간에도 실시간으로 체크를 하며 매장의 상태를 확인해야 할 의무가 있는 것이다. 필자는 이렇게 이야기 했다. "심정은 이해가 되지만, 반대로 사장님은 6시간동안 매장에 아무런 관심을 가지지 않으셨다는 이야기네요?" 그러자 "아니, 키오스크가 꺼질 줄 누가 알았겠어요. 무인매장의 핵심이 키오스크인데.." 나의 자문을 통해 오픈을 한 곳임에도 이런 반응이라니.. 직접 자문을 통해 오픈 한 곳이기에 전기에는 문제가 없음을 알고 있었다. 조금 여유 있게 증설을 해놓았기 때문이다. 그럼 문제가 무엇일까 하고 생각해보고 있었는데 때마침 전화가 왔다. "아이고, 옆 매장 사장님께 들었는데, 건물이 잠깐 정전이 되었었다고 합니다. 원인을 찾아보고 업체에 연락하라고 하셔서 바로 전화 안했는데, 했으면 오히려 실례할 뻔 했네요. 감사합니다."

사장님이 워낙 열이 받으신 상태로 업체에게 항의를 하겠다고 하는 걸 뜯어 말렸다. 원인도 알지 못하는 상태에서 전화를 해서 항의를 했다가 만약 키오스크 문제가 아니면, 그 뒤에는 일이 커질 것이 분명했기 때문이다. 또한 필자가 봐도 키오스크의 자체적 문제는 아니었기에 전기나 기타 다른 문제가 있었을 것이라고 판단해서였다. 아무쪼록 실수를 하지 않았으니 다행이었다.

필자는 자문을 할 때 항상 이야기 한다.
"무인 매장 뿐 아니라 장사에는 항상 변수가 많습니다. 그게 어떤 변수가 될지 누구도 알 수 없습니다. 관심과 실행만이 그 변수를 예방하거나 혹은 변수가 생겼을 때 빠른 대처가 가능합니다." 더군다나 해당 매장은 키오스크를 선택할 때, 무조건 싼 키오스크만을 고집하여 최저가로 계약을 한 곳이다. 필자가 취급하는 키오스크가 설치된 것은 아니었지만, 키오스크를 팔기 위해 자문을 하는 것은 아니었기에 큰 상관은 없었다. 계약 시 주의사항도 누차 이야기 했다.

"시세보다 터무니없이 싸다면, 횡재라고 생각하시기 전에 꼭 신중하게 선택하시고 많이 알아보셔야 합니다. 보여지는 가격을 낮춰놓고 보이지 않는 가격을 올리는 경우가 많고, 약정을 길게 잡아서 향후 사장님께서 폐업하실 때 위약금을 엄청 부풀리는 경우가 비일비재합니다."

이렇게 이야기를 모두 해주었음에도, 잘못된 계약을 해서 외식업을 유통업으로 개조한 솔루션과 키오스크를 사용하고 있다. 더군다나 이 글을 작성하고 있는 현 시점에선 그 제조사는 망해서 없어졌다.

여태껏 인생을 살면서 많이 겪어보았겠지만, 항상 무슨 일이든 담당자를 잘 만나야하고, 담당자와의 관계를 잘 형성해놓아야 향후 어떤 문제가 생겼을 때 담당자도 '나의 일' 이라는 생각을 가지고 도움을 준다. 담당자를 막대하면, 담당자도 나의 매장을 막대할 수밖에 없다. 자영업과 회사를 운영하는 두 입장을 모두 이해하는 내 입장에서는 단기간에 좋은 관계를 형성하려면 줘야할 돈은 쿨 하게 주는 것이다. 매달 관리비를 내지 않는 것을 생각하지 않고 어쩌다 한번 발생하는 문제로 인해, 게다가 장비 문제도 아닌 매장 자체 환경 문제 때문에 출장을 온 직원의 출장비만큼은 쿨 하게 주자. 담당자와 점주는 어떤 매개체로 인해 알게 된 사이다. 서로가 어떤 사람인지 알지 못한다. 그럴 땐 '돈'을 대하는 방법을 보면 적어도 그 사람이 어떤 사람인지 알 수 있다. 점주도 마찬가지이다. 매장에 오는 소비자는 내 고객이지 나의 친구가 아니다. 돈을 벌기 위해 창업한 사업장에서 수익이 나야하는 것은 당연한 이치이다. 그 경계를 명확하게 해야 손해를 보지 않는다. 다만 지금부터 이야기할 내용은 예외사항이다.

나는 매장을 운영하며 단골을 형성하는 법을 어려워하는 사람들에게 나는 이런 이야기를 해준다.
"만약 사장님이 계실 때, 아이와 함께 온 부모님이 계시다면, 아이가 좋아할만한 것을 하나 선물로 주시고 예뻐 해주세요. 그러면 그 부모님은 우리

매장의 단골이 됩니다."

만약 여러분이 자녀가 있다면, 입장을 바꾸어 생각해보자. 어떤 음식점에서 밥을 먹고 있는데 사장님이 우리 자녀를 예뻐 해하시며 기분 좋게 서비스로 음료수 한 병을 준다면, 어떤 기분일까. 10명 중 10명은 남은 식사를 기분 좋게 마치고, 감사함을 전하며 또 오겠다고 할 것이다.

남이 나에게 잘하는 것보다 나의 자녀에게 잘해주게 되면 부모는 아무래도 이 매장에 이끌릴 수밖에 없다. 우리는 무인으로 매장을 운영하기 때문에 이런 부분을 잘 캐치해야 한다. 오픈 후 초기 몇 개월은 자주 매장에 나와 오시는 고객들에게 인사도 하고 키오스크 사용법도 알려주며, 입지를 굳혀야 한다. 경험해본 사람들은 알겠지만, 내가 어떤 입지에서 장사가 잘 되기 시작하면, 바로 인근에 경쟁점이 생기게 된다. 경쟁점이 생기고 나서 잘하는 것은 의미가 없다. 애초에 경쟁점이 없을 때부터 입지를 잘 다져놓아야 한다. 참. 매장에 있으며 고객접객을 하는 것은 중요하지만, 10대, 20대 등 젊은 연령대의 고객이 입장하면 자연스레 매장 밖으로 나가있자. 요즘 세대는 비대면 비접촉 언택트 소비문화를 추구하는 세대이다. 만약 사업주가 매장에 있다면 그들은 이렇게 생각할 것이다.
"무인매장이라면서 왜 사장님이 나와 있지?", "아 사람 없을 줄 알고 왔는데 불편하네." 이런 생각을 하기 전에 센스 있게 잠시 매장 밖을 나와 있자.

필자는 당연한 이야기를 하는 것을 좋아하지 않는다. 그래서 어떤 책에나 있을 법한 당연한 이야기는 하지 않았지만, 그래도 일부분 당연한 이야기가 있을 수 있다. 이는 그만큼 중요하다는 것이니 꼭 명심하고, 명심하자.

창업을 하기 위해 알아야 할 것들

난생 처음 창업을 하는 입장에선 모든 것이 생소할 것이다. 앞으로의 준비 과정에서 다루겠지만, 준비운동을 한다는 마음으로 큰 틀을 잡아보자.

- 사업자등록을 하기 전에

사업자등록을 하기 전 먼저 생각해야 할 부분이 있다. 바로 간이과세자와 일반과세자의 선택이다. 간이과세자와 일반과세자는 연매출 금액을 기준으로 정해진다. 그러나 처음 창업하는 경우에는 매출이 어느 정도일지 모르기 때문에 창업자가 선택하게 되는데, 종전에는 간이과세자는 연간 매출금액이 4,800만원 미만일 경우에 해당되었으나 최근 간이과세자 기준이 연간 8,000만원으로 상향되었기 때문에 8,000만원 미만일 것 같으면 간이과세자로 신청해도 된다. 하지만 1년을 운영하였을 때 8,000만원이 넘으면 간이과세자로 신청했다고 하더라도 일반과세자로 변경되니 참고하자. 다만, 지역이 명동처럼 아주 번화가이거나, 사업자 명의의 일반과세자가 이미 존재하는 경우에는 간이과세가 불가능하니 관할 세무서나 세무사 사무실에 문의해보아야 한다.

간이과세자는 세금을 절세할 수 있는 범위가 크다. 하지만 부가가치세 환급은 받을 수 없다. 창업 초기 여러 가지 비용이 많이 발생하기 때문에 부가세 환급을 목표로 하고 있다면, 일반과세자로 신청하는 편이 좋다. 참고로 연매출 8,000만원이면 매월 6,666,667원의 매출이 발생해야 하며, 일 매출로 환산 시 하루 222,223원의 매출이 발생해야 한다. 하지만 무인 아이스크림 할인점은 성수기와 비수기의 매출 차이가 비교적 큰 편에 속하기 때문에 사업자등록 전에 잘 판단해야 한다. 이와 관련 된 내용은 Chapter5.세무에서 다루기로 하자.

- 사업자등록증 발급

우리나라에서는 창업을 하기 위해선 '사업자 등록증'이 필요하다. 그중 음식점 이라면 위생교육을 받고 허가증을 받아야만 사업자등록증이 발급되는데, 우리는 단순 소매업이기 때문에 별도의 허가 업종이 아니다. 따라서 사업자등록증만 발급받으면 된다. 사업자등록증은 관할 세무서에 방문하여 신청해도 되고, 인터넷 홈텍스(www.hometax.go.kr)로 접속하여 발급 신청을 해도 된다. 자세한 내용은 인터넷에 '사업자등록증 발급방법'만 검색해도 정보가 넘쳐나니 검색을 해보도록 하자.

- 사업자 통장, 카드 발급

사업자등록증이 발급되었다면 사업자등록증과 신분증을 가지고 거래할 은행으로 방문하여 사업자 통장과 사업자 카드를 발급받자. 이 개념을 잘 알지 못하는 사람은 잘 쓰지 않던 개인 통장을 이용하는 사람이 있는데, 꼭 분리하는 것을 권한다. 그 이유는 향후 세무적인 부분과 관련되기 때문이다. 사업자 통장을 개설하고, 인터넷 뱅킹을 신청하여야 하며, 해당 사업자통장과 연결된 사업자 카드를 발급받자. 사업과 관련된 비용을 결제 할 때에는 꼭 개인카드가 아닌 사업자카드를 활용하자. 우리는 개인사업자이기 때문에 개인카드를 사업적인 용도로 사용해도 증빙을 할 수 있긴 하지만, 처음부터 사업자 카드를 이용하면 번거롭게 일일이 증빙하지 않아도 된다.

또한 사업자 통장과 카드를 발급 받았다면, 홈텍스에 접속하여 사업자 계좌와 사업자 신용카드 등록도 함께 진행해야 한다.

- 세무 상식

한 해에 아주 많은 사람들이 창업을 하지만, 창업을 하고 매장을 운영하면서 발생되는 '세금'에 대해서는 잘 알지 못한다. 심지어 어떤 사람은 내야 할 세금이 '부가가치세'만 있는 줄 아는 사람도 있다. 우리가 사업장을 운영하면서 내야 할 세금에는 크게 3가지가 있다.

〈개인사업자 기준〉

첫째, 부가가치세

부가가치세는 매출액에서 매입액을 공제한 금액에 대해 내는 세금이다. 쉽게 말해 사업주가 창출한 부가가치에 대한 세금이며, 재화나 용역을 사고파는 과정에서 발생하는 세금이다.

납부 세액은 매출액-매입액의 10%

간이과세자의 경우 0.5%~3% 이다.

신고납부는 매 1월, 7월의 25일까지이다.

둘째, 종합소득세

종합소득세는 사업으로 얻은 순이익(매출-비용)에 대한 세금을 뜻한다. 순이익의 6%~42% (지방세 10%추가) 하며 매년 5월까지 전연도 소득에 대해 신고납부를 한다.

소규모 사업자의 경우 실제 비용이 아닌 추정비용을 적용하여 계산한 순이익에 과세가 가능하다.

셋째, 4대보험

(정식명칭은 4대 사회보험이며, 일반적으로 세금처럼 인식해서 세금으로 표시한다.)

사업주 본인과 근로자의 국민연금, 건강보험, 산재보험, 고용보험을 뜻하는데, 무인매장은 근로자가 없기에 사업주 본인의 월 사업소득의 15.46%선이라고 보면 된다. 다만, 개업하자마자 부과되는 것은 아니고 다음연도 5월 소득세 신고하고 부과된다고 보면 된다.

만약 직원을 채용했다면 이와 관련된 세금들도 있지만, 우리는 컨셉이 무인매장이기 때문에 불필요한 내용은 하지 않도록 하겠다.

사실 세금이란 결국 이익이 났을 때 그 이익에 대해 납부하는 것이 기본 개념이기 때문에 사업 초기에는 세무보다는 사업자체에 집중하는 것이 좋다. 다만 2차적인 문제라고 하더라도 기초적인 개념정도는 가지고 있는 것이 향후 사업진행에 있어 도움이 되기에 사업자가 내야할 세금이 어떤 것이 있고, 어떤 식으로 산정되는지 알아두면 좋다.

사업과 관련된 비용은 모두 세금계산서 신청을 하자.

- 매장 월세에 대한 세금계산서
- 건물 관리비가 있다면 관리비도 세금계산서
- 한전에 내는 전기요금에 대한 세금계산서
- 이외 매월 고정 지출이 있다면 모두 세금계산서를 수취하도록 하자.

사실 이외에도 알아야 할 것들은 많지만 지금 당장 시작하기에 앞서 이정 도만 알아도 많이 배운 것이다.

여기에 필자는 한 가지를 더해 '위기대응 능력을 키우자'고 말하고 싶다. 어떤 변수가 생기든, 그 일을 잘 해결 해 나아가면 된다. 사람이 어떻게 앞 날을 내다볼 수 있을까? 학창시절 공부를 잘했든 못했든, 창업할 때 가장 중 요한 것은 위기대응 능력을 키우고, 어떤 문제를 해결해야할 때에는 항상 '배움'이 중요하기에, 책만 보면 졸릴지언정, 문제를 해결하기 위해 책을 봐 야 한다면 날 밤을 새서라도 읽을 수 있는 기본자세만 갖추고 있으면 사실 그 어떤 문제가 생겨도 모두 이겨낼 수 있다고 믿는다.

프랜차이즈 창업 vs 개인창업

무인 아이스크림 시장이 처음 발돋움 할 때에는 단연 개인 창업보다 프랜차이즈 창업이 많았다. 그 당시에는 생소했고, 어떻게 운영되는지 잘 몰랐으며, 뭘 어떻게 해야 할지도 모르는 시기였기에 리스크를 줄이고자 프랜차이즈 창업을 했다. 그러나 경험을 해본 사람들이 경험을 살려 컨설팅을 하기도 하고, 프랜차이즈 창업을 통해 운영을 해보고 나니, '별거 없네?'라고 생각이 들어 2호점부터는 개인 창업으로 하기도 했다. 그러나 지금 이 책을 보고 있는 여러분은 아무것도 모른다. 그래서 프랜차이즈 창업을 할지, 개인 창업을 할지 고민을 하고 있을 수도 있다. 먼저 이 부분은 명확하게 짚고 넘어가도록 하자.

개인이 창업을 하고 매장을 운영하게 되면, 그 어떤 선택을 하더라도 '돈'과 밀접한 연관이 있다. 따라서 어떤 선택을 하느냐에 따라 비용을 지출하게 된다. 이 때, 사업주 본인이 직접 할 줄 안다면, 업체에 맡기지 말고 직접 하는 것이 비용을 줄이는 것이다. 필자가 이런 저런 경험이 많고, 할 줄 아는 것이 많은 이유 중 하나가 '비용을 아끼기 위해서'였다. 십여 년 전, 회사 사이트를 만들고 싶은데, 할 줄은 몰랐다. 업체에 문의를 하니 페이지 당 몇 만원씩 받고, 메뉴 당 또 몇 만원씩 받고, 결국 필자가 원하는 형태의 홈페이지를 500만원에 구축할 수 있다는 답변을 받았다. 이 때부터였던 것 같다. 업체에 맡기기 전에 직접 할 수 있는 영역은 독학을 해서 셀프로 했던 것 같다. 그러곤, 현재 사이트를 4개 운영하고 있는데, 4개를 만들어놓고 500만원 * 4개 = 2,000만원. "몸은 힘들었지만, 그래도 2,000만원 벌었네." 라는 정신승리를 하곤 했다. 물론 전문적인 분야는 확실히 전문가를 통해 하는 것이 향후 발생할 수 있는 문제에서 사전에 예방할 수 있지만, 그래도 매장을 운영할 때에는 생각보다 사업주 본인이 할 수 있는 영역들이 꽤나 많다. 그렇게 본인 손으로 하나하나씩 하다보면, 매장 곳곳에 점주의 손때가 안 묻은 곳이 없을 것이다.

이렇게 본인이 하나씩 알아보고 직접 할 수 없다고 스스로 확신하는 경우에는 프랜차이즈를 선정해서 쉽게 창업하도록 하자. 많은 사람들이 프랜차이즈를 하는 경우는 돈은 있는데 시간이 없는 경우도 있고, 시행착오를 줄이기 위해서 전문가의 손을 빌리려는 경우도 있다. 그런데 반대로 이거 하나는 명심하자. 필자가 장담하건데, 프랜차이즈 창업 후 3개월 내지 6개월이면 분명 원리를 알게 된다.(그보다 빠른 이는 3개월도 채 걸리지 않는다) 그리고 정확히 1년이 지나면, 어느 정도 준전문가가 된다. 필자가 작년 이맘때쯤 자문을 해준 매장의 사장님은 지금까지 1년 운영 후 노하우를 취득하여 현재 무인 아이스크림 할인점 창업 컨설팅을 하고 있다. 심지어 이분은 해당 업종에 종사한 경력도 없었다. 자. 다들 용기가 샘솟지 않는가? "노력해서 안 되는 건 없다" 정말이다.

몸으로 직접 부딪히고 손품 발품을 팔아야만 알 수 있는 정보들을 지금부터 알려주도록 하겠다. 많은 사람들이 궁금해 하는 1순위는 당연히 '창업비용'이다. 프랜차이즈 업체들은 어떤 곳은 '500만원이면 창업이 가능하다', '1,000만원이면 가능하다' 등등 가지각색이다. 사실 이건 어떤 매장이냐에 따라 모두 천차만별이다. 인테리어를 손볼 것 없이, 전기공사도 할 필요 없이 완벽한 매장이라면, 간판 달고 아이스크림 냉동고를 업체로부터 무상대여를 받고, 셀프계산대에 키오스크 설치하고, CCTV 설치하고 오픈하면 끝이다. 지금 들어가려는 매장이 위와 같이 완벽한 매장이라면, 간판(200~300), 계산대(50), 키오스크(360), CCTV(80), 에어컨(100), 아이스크림(560만원)
 * 냉동고1대당 평균 70~80만원의 초도발생.

10평 기준이면 냉동고 6~7대정도가 들어가며, 매장이 정사각형인지, 직사각형인지에 따라 상이하다. 이렇게 구성하게 되면 초도물품 제외하고 890만원, 초도물품 포함하면 1,450만원이 발생하게 된다. 대부분의 프랜차이즈들이 홍보하는 저렴한 창업비용은 초도물품은 별도인 경우가 많고, 전기증설, 승압 등 현장상황에 따라 달라지는 비용들은 포함되지 않는 경우이다.

매장상황이 완벽하다는 가정 하에 위 견적이 나오고, 만약 전기증설, 승압이 필요한 경우 몇 Kw를 늘릴 것인지에 따라 비용이 달라질 것이며, 간판 또한 해당 매장이 어디에 위치해있느냐에 따라 메인 간판 1개로 끝날 수도, 측면까지 2개 내지 3개가 될 수도 있다. 또한 여기서 비용을 줄이려고 한다면, 키오스크를 할부로 계약하면 월 13만원의 비용이 발생한다. 그럼 1,450만원에서 360만원을 빼면 1,090만원이 되고, CCTV도 할부로 하면, 통상 월 4만 원 정도의 비용이 발생하니, 또 90만원이 빠지게 된다. 그럼 1,010만원. 1,000만원대의 창업이 되는 것이다. 여기서 더 줄여야한다면? 초도물품을 뺀 금액 1,010만원-560만원= 450만원. 약 500만원대 창업이 가능해지는 것이다.

여기까지 읽었다면 무릎을 탁! 쳤을 것이다.
"유레카!"

위 글에서 필자가 하고 싶은 말은, 이 사업자체가 소자본 창업이라는 것이고, 개인이 해도 손품 발품만 판다면 충분히 누구나 저렴하게 창업할 수 있다는 것이다. 이 이야기를 굳이 풀어서 한 이유는 어떤 분이 프랜차이즈를 고민하고 있는데 프랜차이즈 선택의 기준을 노하우가 아닌 비용으로만 두고 있었기 때문이다. 500만원이나 1,000만원이나 사실 종착점은 같은데 말이다.

여기서 조금 더 구색을 갖추기 위해 세계과자를 하거나, 음료수 등을 판매한다면 시설비는 추가된다. 수직냉동고가 필요하고 과자 진열대가 필요하기 때문이다. 여기까지 주의 깊게 읽고, 무언가 느낀 점이 있다면, 여러분은 개인 창업을 해야 한다. 하지만 읽어도 무슨 소리인지 모르겠고, 느낀 것이 없다면 프랜차이즈 창업을 해야 한다. 이 내용을 이해를 했다고 해서 똑똑한 것도 아니고 못했다고 해서 똑똑하지 않다는 것도 아니다. 이 글을 읽으면서 '혼자 해 볼만 하겠는데?' 라는 생각이 들면, 누구나 충분히 할 수 있음을 암시하는 것이다.

Chapter2. 창업 전
창업계획서를 작성해보자.

    어떤 업종이든, 개인사업자든, 법인사업자든, 창업을 할 때에는 창업계획서를 작성해보길 권장한다. 사업을 할 때에만 사업계획서를 작성하는 것은 아니다. 창업을 할 때에도 창업계획서를 작성해야 한다. 작성하는 목적은 창업 전 계획서를 작성하면서 상상으로만 그려봤던 창업에 대한 사항을 실제 눈으로 확인할 수 있고, 작성을 하다보면 주관이 아닌 객관적인 자료가 작성되기 때문에 제대로 된 검증이 가능하다. 즉, 단순히 생각만으로 구상했던 것들이 구체화되고 정말로 실현이 가능한 것인지 한눈에 보이게 된다. 보통 누군가의 경험담 "소자본으로 딱이야, 1000만원 가지고 오픈준비 다했어~"라고 말하는 사람의 이야기를 듣고 앞뒤 재지 않고 1,000만원만 있으면 창업이 되는 줄 아는 사람들이 많은데, 모두 상황과 조건이 다르기에 다른 이가 1,000만원에 창업을 했다고 해서 이게 나한테까지 적용되는 것이 아니다. 그래서 1,000만원이면 될 줄 알고 시작한 일이 3,000~4,000만원 더 넘게 들어가게 된다. 또한 창업계획서를 작성하는 또 다른 이유는 창업 후 몇 개월이 지나면 창업 초기의 초심은 잃어버리기 마련인데, 내가 무슨 생각으로 창업을 했는지, 당시의 상황을 모두 기억하지 못한다. 계획서는 이렇게 방황을 할 때 길잡이 역할을 해준다. 실제로 필자의 권유에 따라 창업계획서를 작성한 대표님께로부터 "정말로 도움이 되었다"라는 감사인사를 들을 정도로 도움이 된다. 작성한다고 해서 돈 드는 것이 아니니 귀찮더라도 속는 셈치고 작성해볼 것을 권유한다.

창업계획서에는 다음과 같은 내용이 들어가면 된다.
1. 내가 창업하고자 하는 장소
2. 창업비용(세부항목 포함)
3. 창업 추진 일정 및 계획
4. 상권분석
5. 경쟁업체 분석
6. 재무계획
7. 마케팅 계획

계획서 작성 없이 머릿속에서만 생각하며 하는 창업에는 캐치하지 못한 변수가 있을 수 있지만, 이렇게 머릿속에 있는 생각을 끄집어내 서면으로 만들어 읽어본다면, 그 과정에서 예방할 수 있는 변수들을 찾을 수 있다.

Chapter3. 아이스크림의 유통구조

    우리나라는 빙과 시장이 어렵게 안정화 되었다. 과거 매출이 나던 대형마트 위주로 70% 이상 할인 행사를 진행했던 것을 기억하는가? 유통은 물량이 핵심인데, 일반 매장에 10박스를 파는 것보다 대형매장에 100박스를 파는 것이 더 낫다고 생각하는게 모든 제조사의 기본 마인드이다. 공장에서는 1박스만 만들어내던, 100박스를 만들어내던 제조공장을 유지하는데 들어가는 비용은 동일하기 때문이다. 그런데 생각지 못하게 무인 아이스크림 할인점이 각광받으면서 유통구조가 변했고, 어렵사리 시장의 가격이 안정이 되었으니 예전만큼 쉽게 가격구조를 바꾸지는 못할 것이다. 여러 업종과 여러 형태의 무인 매장이 생기면서 점포가 늘어난 것은 2020년 1년을 통으로 잠식하고도 2021년인 지금까지 잡히지 않고 있는 코로나19 바이러스의 몫도 있었다고 생각한다.

    코로나19 바이러스로 인해 마스크가 일상화 되었고, 비대면 비접촉, 언택트 소비문화가 빠르게 확산되었기 때문이다. 또한 사람들의 개인주의 성향도 한 몫 했다. 지금은 여건만 되면 누구나 하려고 하지만, 상용화되기 전에는 아이스크림 도매상, 도매 대리점에서 직영매장을 두고 시작하기도 했다. 물론 지방권의 경우에는 지금도 그렇게 진행하고 있기도 하다. 모 업체 사장님은 아이스크림의 물량회전이 늦어 다른 판로를 찾다가 키오스크를 두고 직접 시작하기로 마음먹었다고 하시기도 하였는데, 생각의 발상이다. 남들과 다른 차별점을 둘 수 있는 포인트가 많기 때문이다.

　예를 들어 신제품 출시 혹은 시장에서 소비자가 열광하며 찾는 아이스크림이 A점포에는 있고, B점포에는 없다면? 거리만 괜찮다면 소비자는 A점포로 갈 것이다. 제조사와 별개로 시장에 해당 제품을 유통하는 것이 바로 도매상이기 때문에, 도매상은 이를 활용하여 고객을 잡는 수단이 되기도 했었다. 또한 물량을 맞추기 위해 슈퍼마켓이나 마트에 아쉬운 소리를 하지 않아도 되니 도매상 입장에서는 나름의 자구책 역할을 했던 듯싶다. 무인 아이스크림 할인점이 생겨나기 전까지는 일반적으로 아이스크림 도매상의 존재가 시장에 크게 들어나지는 않는데, 할인점이 활성화 되면서 너도 나도 온라인 채널을 만들며 뛰어들고 있고, 사실 지금에 와서는 아이스크림 유통업체를 찾는데 에는 큰 어려움이 없을 것이다. 한 가지 염두에 두어야 할 것은 '상품 공급 가격'인데, 보통 프랜차이즈의 가맹점으로써 납품 받는 단가는 평균적으로 800원 바 종류 기준으로 288원이다. 본사에서 지정가로 정해놓은 상품을 제외하고는 일반적인 할인점에서는 50%에 판매를 하는데, 소비자가 800원 기준으로 400원에 판매한다고 가정했을 때, 납품가가 288원이면 28%이다. 그리고 조금 만 더 적극적으로 노력하면 30%인 280원까지 가능하다. 여기까지 읽었다면 아이스크림 가격대를 보고 놀랄 만도 하다. 하지만 어디까지나 물량치기가 가능할 때 이야기이다. 필자가 볼 때에는 280원이든 288원이든 이 가격에 납품을 해서 도매업자가 이윤을 보기 위선 아이스크림 냉동고가 8대~10대 이상 포진되어 있는 매장에 한꺼번에 물량치기로 납품할 때 가능하지 않을까 싶다. 그럼에도 단가를 쉽게 올리지 못하는 이유는 앞서 말했듯 일부 도매상에서 온라인 마케팅을 하면서 아이스크림 납품처를 공략하고 있고 이를 방어하기 위한 것으로 보인다. 그런데 여기서 우리가 모르는 사실이 하나 더 있다. 일반적으로 창업자들은 상품공급처를 알아보면서 퇴짜를 맞는 경우도 종종 있는데, 이런 분들은 이렇게 하소연 한다. "아니, 업체 입장에서는 신규 거래처가 하나라도 더 생기면 좋은 거 아닌가요? 왜 우리는 공급을 해줄 수 없다고 하는 거죠?" 이 이야기는 너무나도 당연한 시장논리를 미처 생각하지 못한 경우 나온다. 처음에는 필자도 "이유가 있겠지"하면서도 약간 의아스러워서 직접 알아 본적이 있는데, 이유는 이렇다. 아이스크림을 납품받기 전에 거쳐야 하는 프로세스는 해당 도매상에서 신규 예정 거래처의 사업자등록증을 받아보고, 그들의 관점에서 시장조사, 수요분석 등을 한다. 그런데, 여기에는 냉동고를 무상으로 설치해주고 할인점 단가로 내려서 공급하기에는 수지타산이 맞지 않는다고 생각한다면 위와 같은 문제가 발생할 수 있다. 또 때마침 신규 예정 거래처 바로 옆 혹은 인근에 기존 거래처가 있는 경우이다. 이 또한 예비 창업자는 "아니 거래처가 가까운데 있으면 납품하러 올때도 들러 들러 오면 편하니 좋지 않은가요?"라고 하지만, 업체 입장에서는 기존 거래처의 핀잔을 들을 수도 있고, 물량 때문에 가까운 양쪽을 거래하자니 혹여나 둘의 경쟁에서 한명이 살아남는 게 아니라 둘 다 망해버리면 그것 또한 골치가 아프기 때문이었다.

　필자가 유통업체 소개를 해줘도 마찬가지이다. 무인 아이스크림 할인점 창업을 위해 키오스크를 상담하다가 자연스레 매장 운영과 관련된 이야기들이 오갈 때, 아이스크림 공급처 소개를 해달라는 부탁을 종종 받는다. 하도 이런 경우가 많다보니 협력사를 선정해서 프랜차이즈 단가로 납품될 수 있도록 조율까지 마쳐놓았고, 소개를 해준다고 해서 필자에게 돌아오는 일종의 소개비는 단 한 푼도 없다. 그럼에도 불구하고 도움을 주는 이유는 앞서 말했듯 단순히 장비 설치만 하고 유지보수에서 끝나는 게 아니라 실질적으로 '매장 운영에 도움이 되는 무언가를 하자' 라는 마인드 때문이었다. 여하튼 필자가 소개를 시켜줬는데 협력사에서 직접 납품이 힘든 경우 본사를 통해 해당 지역의 업체를 연결해준다. 그런데 이렇게 불가피하게 소개에 소개로 이관되는 경우에는 보는 관점이 다를 수도 있다. 그리고 소개에 소개를 받은 업체의 입장도 있기에 온전히 그 업체에서 판단하는 대로 존중해줄 수밖에 없다. 소개에 소개를 해준다고 하더라도 우리 협력사도 해당 업체로부터 받는 소개비는 당연히 없다. 이쯤 되면 아직도 "정보통신 업체가 어떻게 유통까지 하나요?" 라는 질의가 달릴 법도 한데, 서론에서 이야기했던 것과 중복되는 내용이기는 하나, 필자도 무인 아이스크림 키오스크를 전국적으로 납품하면서 단순히 키오스크만 설치하고 유지보수하는데에서 끝나는 것이 아니라 어떻게 하면 가맹점과 지속가능한 상생을 할 수 있을까 고민하다가 내린 결론이 "안정적으로 창업을 할 수 있도록 지원해주자" 였다. 날이 가면 갈수록 우리들도 패턴이 바뀌고 있다. 2년 전까지는 창업 준비를 끝마치고 키오스크만 필요하다고 상담문의가 오던 것과 달리 1년 전부터는 "무인 아이스크림 할인점 창업을 하고 싶은데, 도움을 좀 받을 수 있을까요?" 라는 패턴으로 문의 형태가 바뀌었다. 그래서 처음에 내부회의에서 "이런 유형의 상담문의가 많습니다." 라는 보고를 받고 "그럼 우리가 할 수 있는 것을 해봅시다." 라고 해서 시작되었다.

키오스크가 필요하면 키오스크만, 유통이 필요하다면 유통까지도 공급 지원을 하면서 시작을 조금이라도 더 안정적으로 할 수 있도록 하니, 일부 업체는 상향된 매출을 보고 프랜차이즈로 전환을 하려고 하기도 한다.

그런데 또 개인사업을 하다가 프랜차이즈를 할 때에는 염두에 두어야 할

점이 한 두개가 아니다. 기본적인 틀 자체가 바뀌어야 하기에 여기서는 더 심도 깊은 상담을 필요로 한다.

　어떠한 형태로 가맹사업을 전개할 것인지를 명확히 하고, 이에 대한 준비가 필요하다. 가맹사업을 하기 위해서는 기본적으로 '정보공개서'를 작성해야 하고 정보공개서에는 프랜차이즈 본부의 다양한 정보들이 오픈되어야 하며, 가맹점 사업자는 이러한 정보를 보고 가맹점 창업을 할지 결정하게 된다. 개인적으로 창업하고 운영할 때에는 필요가 없지만, 프랜차이즈로의 확장을 하기 위해서는 서류적인 업무도 필수도 바뀐다. 종전에는 그냥 내키는 대로 할 수 있었다면, 앞으로는 하나하나 모든걸 서류화 하고 체계정립을 해야 하며, 장사를 넘어서 사업을 준비해야 하기 때문이다. 프랜차이즈 가맹본부 설립을 성공적으로 했다면, 본격적으로 가맹점도 모집해야 하고, 가맹점을 관리할 SV(수퍼바이저)도 팀을 만들어야 하며, 마케팅도 필수다. 또한 가맹 사업 이전 준비 단계에서는 브랜드 상표출원도 진행하여 법적으로 특허권을 가져와야 한다. 그러다보면 개인 사업장을 운영할 때보다 자금도 많이 필요로 하고 가맹점이 본부를 믿고 안정적으로 창업하여 운영할 수 있도록 본부가 많은 바탕이 되어주어야 한다. 그래서 그 때부터는 정부의 프랜차이즈 사업화 사업에도 관심을 가지고 신청을 하고, 브랜드를 시장에 알리기 위한 각고의 노력도 필요다. 이러한 순서를 지키지 않고 개인 사업장을 운영할 때처럼 프랜차이즈 본부를 주먹구구식으로 운영한 고객이 있었는데 정체성을 찾지 못한 상태에서 가맹비가 몇 백만 원 단위로 입금이 되다보니 마치 불로소득인 것으로 인식되어 가맹사업 출범 1년 만에 폐업하고 기존 개인사업장까지 철수했었던 기억이 난다.

　하나의 브랜드를 만들어내는데 들어가는 비용은 상상이상이다. 그 비용이 현물이든, 노력이든, 시간이든.

Chapter4. 무인 매장의 특성 그리고 준비과정

    운동 전에는 항상 워밍업으로 몸을 풀어야 운동 중 다치지 않는다. 창업도 이와 마찬가지로 워밍업을 통해 특성을 파악하고 내가 영위하고자 하는 업종에 대한 시장조사를 필요로 한다. 일단 어떤 일을 할 때에는 주어진 상황에서 최선을 다해 해당 업종에 대해 정보를 확인해야 한다. 그러나 아무것도 모르는 사람들은 유언비어 또한 정보로 습득하는데, 이런 부분은 잘 걸러내야 한다. 잘못된 생각을 지니고 있으면, 매장 운영이 잘 될 수가 없다. 현재에 이르러서는 창업을 희망하는 사람들에게 다양한 채널을 통해 적극적인 지원이 이루어지고 있는데, 아직까지도 많은 사람들이 잘 알지 못하는 부분 중하나가 소상공인시장진흥공단에서 운영하는 지원포털이다.

(1) 창업 자가진단

    소상공인시장진흥공단에서 운영하는 소상공인마당 자영업 지원포털 (www.sbiz.or.kr)이라는 사이트가 있다. 예전과 달리 스마트폰에서 검색만 조금 해봐도 알 수 있는 곳인데, 많은 예비 창업자들이 이미 나와 있는 정보에 대해 활용을 잘하지 못한다.

해당 사이트에서는 창업지원에 대해 상권정보시스템, 소상공인컨설팅, 신사업창업사관학교, 지식배움터 등의 서비스를 제공하고 있고, 소상공인 경쟁력 강화를 위한 교육 및 지원, 행여나 폐업을 할 때에도 안정적인 폐업절차를 밟고 재기를 할 수 있도록 폐업충격 완화 및 재기 과정에 걸친 지원을 하고 있다. 창업주는 이러한 정부지원사업과 각종 정보를 꼭 활용해야 하며, 창업을 시작했다면 복잡하고 어려워도 수시로 접속해 정보를 얻으며 이런 사이트들과 친해져야 한다.

필자는 누군가 무인매장을 창업하고 싶다고 하여 상담을 할 때 처음엔 경청을 한다. 그리고 어떤 식으로 매장을 운영할 것인지, 그에 대한 준비는 어떻게 이루어지고 있는지 물어본다. 대부분 들어보면 다음과 같은 유형이다.

(1) 아이템은 정해졌으나 그다음 단계를 모르는 유형
(2) 아이템도 정해졌고 상권이나 입지분석이 끝난 상태이지만 이것을
　　어떻게 현실화할지 모르는 유형
(3) 1년에 한번 있을까 말까 하지만, 아이템도 없고
　　아무것도 준비가 되어 있지 않지만 막연히 무인
　　점포를 운영하고 싶은 유형

보통 (1), (2)이다.
(1)에 해당된다면, 아이템을 사업화하기 위한 가이드라인을 제시해주고, (2)에 해당된다면 이것을 종합하여 기술과 접목하는 방법을 제시해준다. 물론 (3)의 경우에는 심도 깊은 상담은커녕, 아무것도 진전되지 않고 서로의 시간만 잡아먹는다. 보통 (3)의 경우 이리저리 상담 받다

가 제대로 된 사전 정보 없이 막연히 유명(?)하다고 생각되는 프랜차이즈 가맹점을 내는데, 대부분 오픈 이후 불만을 토해낸다. 그러나 사전에 준비하지 않고 시작하는 창업은 항상 독이 될 뿐이다.

필자는 자문을 할 때 '준비가 되어 있는데, 시작점을 찾지 못하거나, 취급하고자 하는 분야에선 최고이지만, 이것을 사업화하는데 들어가는 필요기술을 잘 모르는 사람들'에겐 성장할 수 있도록 가이드를 제시하고 있다. 다만 정답이 있어도 알려주지 않고, 정답을 찾을 수 있도록 방향만을 제시해주는 타입이다. 본인이 직접 생각에 생각을 거듭하여 정답을 발견해야 망하지 않는다. 누군가가 답안지를 대신 작성한다면, 이건 자문을 해주는 것이 아니라 망하라고 등 떠미는 것과 같다고 생각하기 때문이다. 그래서 (1)이든 (2)든 공통적으로 다음과 같이 안내한다.

- 상권정보를 분석하라

앞서 이야기했던 소상공인마당의 상권분석정보시스템을 활용하여 내가 선정한 입지와 상권이 어떠한지, 확인은 필수다. 어떤 사람은 그렇게 말한다. "빅 데이터의 활용을 통해 옛날에는 상권분석을 일일이 찾아다니면서 했지만 지금은 간단하게 사이트에서 조회가 가능하다."고 물론, 반은 맞고 반은 틀리다.

그런데 내가 정한 상권에서 창업을 하게 되면, 이 창업을 하기 위해 얼마나 많은 비용이 들어갈지 누구도 예측 할 수 없다. 그렇게 힘들게 모은 돈을 단순히 사이트에 의지 한다는 건 극구 말리고 싶다. "사이트가 불필요하다"라고 말하고 싶은 것이 아니라, 크로스 체크를 하라는 것이다.

먼저 상권분석 사이트에서 빅 데이터를 활용한 결과 값은 어떠한지 보고 프린트하여 직접 해당상권에 발품을 팔아보길 권장한다. 그리고 창업 자가진단, 상권분석, 시장분석, 상권현황 등 조금 더 구체적인 정보를 취득해야 한다. '적을 알고 나를 알면 백전백승'이라는 사자성어처럼 내가 들어갈 상권에 대한 정보는 최대한 많이 알면 알수록 도움이 된다. 빅 데이터라고 해서 무조건 정확하진 않다. 이런 데이터들은 모든 공공데이터를 종합하여 표본자료를 산출한 값으로 나오기 때문에 불명확할 수 있다는 점도 명심해야 한다.

(2)에 해당하는 경우는 나름대로 준비를 잘한 케이스에 속한다. 대부분 이해도가 빠르고, 시장의 원리를 잘 이해하는 편에 속하며, 준비는 잘해왔지만 현시점에서 자신에게 부족한 점이 무엇이고 어떤 부분을 보강해야할지 알고 조언을 필요로 하는 경우가 많다.

** 위의 사이트에서 상권분석을 했다고 해서 발품을 팔지 않아도 된다는 것은 절대 아니다.

무인 아이스크림 할인점을 운영하기 좋은 입지 조건

1. 주택밀집 지역/도보 5분 이내

→ 우리가 판매하고자 하는 아이템의 주 소비 타겟을 보면 왜 주택밀집 지역인지 알 수 있다. 우리가 판매하는 상품인 아이스크림은 한두 개 판매해서는 많은 이익을 남길 수 없다. 800원짜리 아이스크림을 50%할인하여 400원에 판매하고 있는데, 우리가 매입하는 금액은 280원이다. 그럼 개당 120원의 이익이 발생하는데, 만약 월세가 50만 원인 매장이라면 한 달에 800원짜리 아이스크림을 기준으로 4,167개를 판매해야 월세가 딱 나온다. 일 판매량으로 따지면 하루에 139개정도를 판매해야 하는데, 딱 139명의 손님이 아이스크림을 하나씩 구매하거나, 몇 팀만 봉지 한가득 사가면 된다. 따라서 다량구매를 해 가는 고객은 집 냉동고에 한가득 채워 넣는 유형이기에 주택밀집 지역이 유리하다. 또한 아이스크림은 무더운 여름이 성수기인 만큼, 매장과 소비자의 집의 거리는 가까울수록 좋다. 도보 5분이상만 되면 아이스크림이 녹을까봐 걱정하는 심리에 적당히 구매하게 된다.

2. 아파트 상권일 경우 최소 1,000세대 이상 배후세대가 200M 반경 내 위치

→ 주택가보다 아파트는 객단가가 평균적으로 낮다. 따라서 질보다 양으로, 무조건 1,000세대 이상 배후세대가 있어야 한다. 무인 아이스크림 할인점이 월세와 전기세, 관리비를 제하고 약 200만 원 정도의 순이익을 가져가기 위해서는 한 달에 약 30,000개의 아이스크림을 판매해야한다.(월세 50만원 기준)

Tip. 성수기에는 가능할지 몰라도 비수기엔 상위 1% 매장을 제외하고는 다소 어렵기 때문에, 그 폭을 줄이기 위해 아이스크림이 아닌 다른 상품으로 구색을 맞추기도 한다.

그렇다면, 배후 1000세대에서 10%만 매장에 방문해서 구매해준다면, 일평균 100명이고, 매장마다 모두 상이하지만 평균 객단가가 3,000원 ~ 4,000원인 것을 감안했을 때 3,000원으로 계산을 해보면, 100명*3,000원 = 300,000원이다. 위의 값만 가지고 계산을 해보면 제반비용을 제외하지 않았을 때 2,700,000원의 이익이 발생한다.(순이익X) 그래서 무인매장은 상권, 입지 모두 중요하지만 매월 지출되는 고정비를 얼마나 줄일 수 있느냐에 따라 비용을 제외한 순이익이 얼마인지가 달라진다.

사람이 체감 상 200M까지는 녹을까봐 전전긍긍해하지 않는다. 그러나 200M가 넘어가기 시작하면 심리적으로 조급해지기 마련이다.

Tip. 아파트는 후문보다 정문(입구)가 좋다. 또한 인근 반경에 아파트가 있다고 하더라도 아파트를 출입하는 통로가 매장을 거치도록 되어 있어야 한다.

3. 잠시 주차할 수 있는 매장인지

→ 1번과 2번에서 도보 5분 이내 반경 200M를 주 타겟으로 설정했다. 만약 임장을 다니면서 1번과 2번에 일정부분 부합하면서 잠시 주차가 가능한 곳이라면 선점하는 것이 좋다. 잠시라도 주차가 가능하면 퇴근길에 차량을 가지고 오기 때문에 더 많이 구매해 갈 수 있고, 실제로 가족들이 아이스크림을 좋아해서 부모님이 퇴근할 때 자차를

이용해 들려서 구매해가기도 한다. 심지어 트렁크에 아이스박스까지 가지고 다니는 소비자도 있다.

4. 초, 중, 고 학교가 있는지

→ 학교가 있는 곳이라면 낮 시간대의 매출을 어느 정도 커버할 수 있다. 보통 무인 아이스크림 할인점은 오후시간대부터 피크시간대를 맞이하는데, 학교가 있는 경우 하교하는 시간대에 부모님들이 자녀들을 데리러 오는 경우가 많기에 낮 시간대 매출을 올릴 수 있다. 또한 더운 날에는 아이들 손에 아이스크림을 하나씩 쥐여 주기 위해 매장에 방문을 한다. 우리가 생각하는 다량 판매는 아니지만 그래도 적은 매출이라도 누적된다면 매장에 도움이 되는 것은 당연한 이야기다. 중•고등학생들은 소비를 자율적으로 하기 때문에 상대적으로 회전율은 초등학교보다 더 낫다.

5. 먼저 들어가서 독점상권을 형성할 수 있는지

→ 사실 지금에 와서는 어딜 가나 아이스크림 할인점이 몇 개씩 있기 때문에 독점상권이라는 말 자체가 무색하다. 그러나 경매를 통해 상가를 매입하거나, 신축 아파트 상가의 경우 먼저 들어가서 독점상권을 형성 할 수 있는 형태의 매물이 종종 나온다. 만약 운 좋게 5번과 같은 상권을 찾았다면 앞의 1~4번까지의 항목을 잘 살펴보고 결정하도록 하자. 독점상권은 단순 아이스크림뿐만 아니라 다른 상품을 판매해도 일정 평균이상의 매출이 발생할 수 있다.

여기서 잠깐!

 학교를 다닐 때, 전교 1등인 친구가 있었다. 그 친구는 겉으로 볼 때 공부를 좋아하고, 제일 잘하는 줄 알았는데 나중에 알고 보니 "한 번 1등을 하게 되니 2등은 용납이 되지 않고, 한 문제를 틀려 2등이 된다면 깊은 좌절감에 빠질 것 같아, 1등임에도 불구하고 그 누구보다 더 열심히 공부를 했다."고 한다. 보통 이렇게 한번 1등을 하면 현재 순위를 지키기 위해서 노력하는 것이 일반적이다. 그러나 다양한 사례를 통해 독점상권에 잘 입점했다가 망해서 나오는 케이스들을 보면, 독점이니까 고객관리, 매장관리가 엉망이 되었고, 인근에 매장을 오픈하기 위해 답사를 나온 예비창업자가 "어? 이런 정도면 내가 입점해서 이길 수 있겠는데?", "고객들 불만이 높네?" 라는 생각에 인근에 오픈을 하게 되고 독점상권이 깨지게 되면서 새로 생긴 매장이 장사가 더 잘되는 경우가 있었다. 독점 상권에 들어갔다고 해서 매장관리를 엉망으로 한다면, 경쟁자가 없음에도 그 매장은 장사가 잘 되지 않는다. 또한 독점상권이 아니더라도, 내가 상권을 개척했다하더라도, 내가 장사가 잘되면 머지않아 주변에 인근 경쟁점이 입점을 하게 된다. 이것은 비단 아이스크림 할인점뿐만 아니라 모든 업종이 그렇다. 따라서 좋은 상권을 찾아서 오픈을 잘 했다면, 거기에서 멈추지 말고 지속적으로 고객관리 및 상품개발에 힘을 쏟아야 한다.

- 시장조사 방법

시장조사를 할 때 단순히 해당 지역에 동종업계가 몇 개 있는지, 편의점이 몇 개인지, 마트 및 슈퍼가 몇 개인지만 보는 경우가 많은데, 정말 중요한 것은 '상품'이다.

무인 아이스크림 할인점을 창업하면서 편의점은 크게 신경 쓰지 않아도 된다라는 말을 많이 보았을텐데, 그 이유가 바로 구색에서의 차이가 있기 때문이다. 보통 편의점은 냉동고 1~2개로 운영이 되고 종류가 많지 않으며, 1+1, 2+1 이벤트만을 한다. 따라서 편의점에 어떤 목적을 가지고 방문한 사람이 인원수에 따라 할인하는 상품을 구매해서 사먹을 수는 있겠지만, 이런 형태의 매출은 이익에 큰 영향을 주지 않는다는 것이다.

주변에 SSM이나 대형마트, 중소형마트가 있다면 가장 중요한 것은 냉동고의 대수와 가격이다. 이런 마트와의 경쟁에서 붙지 말라는 이유는 마트는 구색이 워낙 다양하기 때문에 아이스크림 한 품목에 대해서 손해를 보며 미끼상품으로 이용하더라도 큰 손실로 이어지지 않지만, 우리는 아이스크림만을 전문으로 하기 때문에 판매할 수 있는 아이템 구색이 '아이스크림'으로 한정되기 때문이다. 소비자가 우리 매장에 찾아오는 이유는 싸고, 구색이 많아서이다. 다른 이유보다도 위 2가지가 가장 큰 영역을 차지 할 것이다. 우리는 이 본질을 잊으면 안 된다. 가장 기본으로 깔고 가는 항목이기 때문이다.

또한 마트의 경우에는 대부분 배달을 하기 때문에 배달을 하지 않는 우리는 경쟁에서 우위를 선점할 수가 없다. 만약 이러한 문제들을 극복할 수 있는 방법이 있다면, 마트 인근에 오픈해도 된다.

TIP. 시장조사를 할 때에는 바는 400원, 콘류는 800원, 팥빙수 1,500원, 쭈쭈바 500원으로 기준을 잡고 조사하여야 한다. 대부분의 무인 아이스크림 할인점은 위 가격정책대로 판매하고 있겠지만, 마트의 경우에는 다를 수 있으니 참고하도록 하자.

(2) 임대차 계약

임대차 계약을 진행했다는 것은 앞서 말한 내용들을 모두 진행했다는 의미일 것이다. 경험이 있는 사람은 임대차 계약이 별거 아니겠지만 경험이 없는 사람은 태어나서 해본 거래 중 가장 떨리고 걱정스러운 과정이다. 어떤 이는 "어차피 공인중개사가 다 알아서 해주는데 뭘 걱정해?" 라고 할 수 있지만, 이건 임대차 계약을 해보지 않았다면 알 수 없는 감정이다. 단지 계약에 대한 그 과정이나 서류 이런 것들에 대한 걱정이 아니기 때문이다.

창업을 위해 다양한 점포를 둘러보고, 상권분석에 입지분석, 수익성분석까지 하고 결정한 점포겠지만, 기대 반 걱정 반일 것이다. 임대차 계약을 할 때에는 부동산, 즉. 공인중개사를 잘 만나야 한다. 아니 사실 공인중개사 뿐 아니라 우리가 앞으로 겪게 될 일에 있어서 '담당자'를 잘 만나야 한다. 이것은 인복인지, 행운인지, 알 수 없지만 말이다.

필자는 다양한 고객유형이 있지만, 대체로 신규로 창업하는 사람들이 상당히 큰 비중을 차지한다. 그래서 창업하는 사람들 대부분의 과정을 바로 옆에서 지켜보게 되는데, 정말 다양한 일들이 있다.

좋은 위치를 선점하여 부동산 계약을 끝마치고 오픈 준비를 거의 다 끝내 놓았는데 건물의 하자로 인해 매장에 물이 차서 준비해놓은 인테리어, 상품 등이 망가진 사례도 있었고, 지금이야 임대차보호법이 그나마 개정되긴 했지만 그 때에는 어렵사리 좋은 상권을 만들어 놓았더니 건물주가 계약만료를 빌미로 연장을 해주지 않고 억지로 내보내더니 자신이 직접 운영한 사례도 있었다.

이밖에도 공인중개사 말에 속아 계약이 파토나면서 다른 매장을 찾아야 했던 사람도 있었고, 죽어 있는 상권을 황금 상권인 냥 꼬드겨 애초에 시작하지 말았어야 할 업종으로 창업을 한 사람도 있었다. 현행법상 중개보수가 상한선이 0.9%이고 중개사와 협의라고는 하나 어디까지나 임차인에게 중개사는 "갑"의 위치에 있다고 해도 과언이 아니다. 아! 물론 모든 중개사가 그렇다는 것도 아니고, 모든 사람이 중개사에게 끌려 다닌다는 말은 아니니 오해마시길. 대체로 그렇다는 것이다. 그리고 이렇게 속수무책으로 당하는 사람들은 공통점이 첫째, 경험이 없고 둘째, 귀가 얇으며, 셋째, 중요한 계약을 앞두고 꼼꼼히 확인하지 않는다. 물론 번외로 너무 성격이 착해서 세상을 아직 모르는 사람도 있다. 하지만 '법 앞에 모든 사람은 평등하고, 권리위에 잠자는 자는 보호받지 못한다.'라는 법언처럼 "몰라서 그랬다"라는 말은 면죄부가 되지 못한다고 생각한다.

이 책을 읽는 독자들 중에서도 직장생활을 그만두고 창업을 하려는 사람이 있을 수도 있고, 무인점포라고 하니 투잡의 개념으로 접근하는 사람도 있을 것이고, 다양한 케이스가 있을 것이다.

이 책에서 누차 강조하며 반복하여 이야기하는 것이지만, 다른 사람이 성공했다고 해서 나도 성공할 수는 없고, 내가 성공하지 못했다고 남도 성공하지 못할 것이라고 생각하면 안 된다는 것이다.

요즘은 인터넷의 발달로 인해 다양하고 많은 채널, 커뮤니티를 통해 정보를 주고받는다. 그래서 업체들의 마케팅 방식도 많이 변화가 되었고, 덤탱이를 씌우지 않기 위해 가입한 커뮤니티에서 실제로 매장을 운영 중인 점주인 것으로 가장하여 정보를 공유하는데 사실은 업자인 경우도 많다. 사람들은 확실하고 검증된 것을 사용하려는 심리를 가지고 있는데, 그 심리를 역으로 이용하는 것이다.

아무튼, 공인중개사를 잘 만나야 하는데 사람과 사람의 관계 이다보니 많은 사람들을 만나고 경험을 함으로써 누가 제대로 양심껏 소신 있게 하는지 알아볼 수 있는 '눈'을 키워야 한다.

공인중개사가 소개한 물건에 대해서 하자나 기타사항이 발생했다면, 일을 잘하는 공인중개사는 도의적이든, 자의적이든, 책임을 지고 임대인과 임차인 사이에서 소통의 역할을 잘 해내어 서로가 만족할만한 결과를 만들어온다. 그러나 무능력하고 일 못하는 공인중개사를 만난다면, 공인중개사는 이미 중개수수료를 받은 후라 그런지 "알아서 하라는 식"이다. 물론 '인허가보증보험증권'을 받기는 하지만 이것은 계약상 하자가 있을 때 보호를 받을 수 있고, 문제가 생겼던 사람들도 당연히 부동산에서 증권을 받았지만, 결코 이것으로 해결했던 기억은 없다.

창업에서 사업으로 넘어가는 단계에서는 필히 부동산전문가를 인맥으로 알아두면 도움이 된다. 만약 본인이 생각하기에 공인중개사가 일처리도 잘하고 만족스러웠다고 생각하면 원래 주기로 했던 중개수수료에서 고생했다고 조금 더 지불하면 해당 공인중개사도 노력의 대가를 아는 고객과 계속해서 인연을 이어가고 싶어 할 것이다.

(3) 인테리어

필자의 경험상 많은 사업장이 인테리어 단계에서 예상외로 오픈일이 늦춰진다. 모든 인테리어 업체를 일컫는 것은 아니지만, 일을 잘하는 업체든, 일을 못하는 업체든, 최초 인테리어 상담을 진행하면서 "이렇게 합시다." 라고 정해놓은 과업은, 정해진 날, 정해진 시간에 지켜지기 힘들다고 봐야 한다. 오히려 인테리어가 아무런 지장 없이 한 큐에 정해진 대로 공사가 마무리 되었다면 그 사람이야 말로 인복이 타고났다고 말할 수 있을 정도로 '변수'가 많은 작업이다. 그만큼 매장을 만들어내는 공정과정 중에서 인테리어는 시간과 비용이 많이 들어가고 그만큼 작업이 늦춰지는 경우가 허다하다는 것이다.

우리는 업무 특성 상 인테리어가 끝나갈 때쯤 투입되어 매장 내 시스템을 구축한다. 인테리어가 끝났다는 연락이 오기만을 기다리며, 준비를 다 해놓고 있는데, 어떤 경우는 예정보다 3개월이 늦어진 곳도 있었다. 그런데 정말 큰 문제는 이렇게 예상치 못한 상황이 왔다고 해도 점주들은 인테리어 업체에게 큰소리 한번 치지 못한다. 그냥 알았으니 조금이라도 빨리 끝내 주십사 한다. 그래서 그 이유를 몇몇 분께 여쭤본 적이 있었는데, 큰 소리 치지 못하는 이유 중 하나는 '견적당시 안내를 받았고, 견적과정에서 원래는 얼만데 얼마로 할인을 받아서 뭐라고 할 수 없었다.' 이고, 두 번째는 '아무리 하자이행보증보험 증권을 받는다고 한들 그것은 보험성격이고, 결국엔 문제가 있으면 인테리어 업체가 와서 해주는 것인데 얼굴 붉히기 싫어서'였고, 세 번째는 '실제로 작업을 하는 것은 인부들이기 때문에 인부들이나 작업반장에게 항의를 해도 어쩔 수 없다는 답변만 돌아와서 울며 겨자 먹기로 "알았으니 일단 오픈부터 하고 보자"라는 것이었다. 이렇듯 창업을 준비하면서 인테리어에서 누구나 한번쯤은 겪어봤을 법한 일들이 지금도 생기고 있다. 도중에 업체를 바꾸자니 리스크가 너무 크고, 비용도 또 드니 어쩔 수 없는 것이었다. 창업을 하면서 발품을 팔아야 하는 항목은 많지만 많고 많은 항목 중 오픈과 직접적인 연관이 있는 것은 인테리어인 만큼, 조금 더 신중하고 다양하게 발품을 팔아야 한다.

사실 "무인 아이스크림 매장에 인테리어가 뭐가 중요해?" 라고 이야기하는 사람도 있지만, 모두가 같은 것을 시작했다면 차별점을 두어야 하고, 그 차별점이 누군가에게는 인테리어가 될 수도 있다. 또한 옛날처럼 아무런 인테리어 없이 기본만 하고 냉동고와 키오스크만 가져다 놓는다고 해서 소비자들이 알아서 들어와서 알아서 구매해가는 시기는 점점 없어질 것이기에 또 다른 포인트를 찾아야한다. 입지가 좋으면 사실 인테리어에 크게 중점을 두지 않아도 기본매출 이상은 발생하지만, 이제는 과도기를 넘어서 무한 경쟁의 시대이니 이제는 꼭 필요하다고 해도 과언이 아닐 것이다.

인테리어는 아무래도 미적 감각이 내재되다보니 감각이 있는 사람과 없는 사람의 차이가 확연히 들어나기도 하지만, 일반적으로 여태껏 봐온 매장들 중에서 인테리어를 아무렇게나 대충 한 가맹점은 없었다. 하지만 위와 같이 이야기했다고 하더라도 인테리어에 막대한 자금을 쏟아 부으라는 뜻은 절대 아니다. 요즘은 돈이 많이 들지 않는 셀프 인테리어도 많고, 빈 벽에 몇 개의 액자만 걸어 놓아도 분위기가 달라진다.

인테리어의 중요성을 이야기하면서, 또 반대로는 많은 비용을 쓰지 말라고 하니 헷갈릴 수 있다. 그러나 꼭 유의해야 할 점은 많은 사람들이 '무인 아이스크림 할인점'을 오픈 하는 이유 중 하나는 초기 투자비가 적게 들어가기 때문임을 명심하자.

한 가지 팁으로 위에서 잠깐 나온 '하자이행보증보험 증권'에 대해 간략하게 설명하기로 하자.

하자이행 보증보험 증권이란 인테리어 공사가 끝나고 계약서에 명시된 하자보증기간 동안 발생한 하자에 대하여 인테리어 업체가 보수공사를 진행하지 않으면 보험회사에서 대신 손해를 보상하기로 약속하는 증권을 말한다. 점주는 공사가 끝나고 하자보수, AS를 받을 수 있을지에 대해 걱정이 앞서는데, 이럴 경우 최소한의 안전장치로 증권을 받아놓음으로써 조금을 해결이 가능하다. 그런데 이 증권을 받았다고 해도 100% 완벽하게 해결이 되는 것은 아니다. 증권은 하자가 있을 때, 인테리어 업체에서 하자보수를 못해주는 경우에만 보험사에서 하자보수 금액을 보상해주는 것인데, 만약 하자가 발생하였고 점주가 자비로 수리를 다하고 증빙을 제출하게 되면 그 중 보험사 '기준'에 부합하는 것만 보상을 해준다. 즉, 100%의 비용을 모두 다 보전할 수 있는 것은 아니라는 이야기다. 물론 이것 또한 담당자와 상황에 따라 다르게 흘러가겠지만. 그런데 인테리어 업체에서 하자보수를 마음에 들게 하든, 마음에 안 들게 하든 어떻게든 하자보수를 해준다면 그 비용 자체는 청구할 수가 없다. 이러한 경험이 있는 사람들에게 조언을 구해보면 대부분 허울 좋은 제도라고 이야기한다. 필자는 인테리어야 말로 발로 뛴 만큼 보람 있는 결실을 맺는 파트가 아닐까 생각해본다.

- 계약전력, 증설, 전기승압

전기증설이란? 한전과 계약한 전력량을 높이는 것을 뜻한다.

전기증설을 해야 하는 경우?

(1)한전에서 '계약전력 초과'로 전기증설을 해야 한다고 이야기 할 때

(2) 새로운 장비, 기구 등을 추가로 설치하면서 추가된 만큼 필요한 전력량을 받아야 할 때

- 전기 증설하는 방법

첫 번째, 서류로 진행하는 전기증설 방법

기존에 설치된 전기 설비가 증설하고자 하는 계약전력을 수용할 수 있다면 서류접수만으로도 증설이 가능하다.

예를 들어 현재 5kw의 계약전력을 사용하고 있는데, 한전 고지서에서 전력량을 초과하여 전기를 사용하고 있다고 안내받고 10Kw로 증설한다고 했을 때, 현재 계약전력은 5kw이지만 분전함(두꺼비집)에 메인전선과 차단기가 10kw까지 수용 가능한 상태라면, 서류 접수만으로도 증설이 가능하다. 보통 이런 경우는 전임차인이 전력을 높게 사용하고 있다가 나갔을 경우, 임대인이 비용을 줄이기 위해 혹은 사용을 하지 않으니 임의로 낮추는 경우가 있습니다. 이런 경우 별도의 '시설부담금'을 부담하지 않을 수 있다.

두 번째 : 공사를 진행해야 하는 전기 증설

기존의 설비가 필요한 계약전력을 수용하지 못하는 경우 공사를 통해 전기를 증설해야 한다. 증설하고자 하는 계약 전력에 알맞은 '전선

규격과 차단기를 교체'하는 과정을 거치게 된다.

진행절차

서류 준비와 공사가 끝났다면 면허가 있는 전기공사업체에서 한전에 전기사용신청 접수를 하게 된다. 한전은 해당 접수에 대한 구비서류를 검토하고 문제가 없다고 판단하면 서류를 접수하고 한국 전기안전공사에 사용 전 점검 또는 검사를 요청하게 된다. 한국안전공사 안전관리자와 점검 혹은 검사일정을 조율하고 '점검 혹은 검사'를 받게 되면 그때부터 신청한 계약전력 증설이 적용되는 것이다.

점검과 검사는 조금 다르다.
점검은 전기 사용자, 즉 전기를 신청하는 사업장 소재지의 총 계약전력이 75kw 미만일 때 안전공사에서 진행하는 점검이며, 검사는 총 계약전력이 75kw 이상일 때 안전공사에서 진행하는 검사이다.

전기 승압이란? 전압을 높이는 것

전기의 효율을 높이기 위한 작업과정이며, 과거에는 110V 이었으나 현재는 질 좋은 전기 공급과 더불어 전력손실 방지를 위하여 220V~440V까지 다양한 전압을 사용하고 있다. 전기승압의 경우에는 오직 공사를 통해서만 가능하다. 똑같은 계약전력으로 승압만 진행하면 공사비가 발생하며, 증설까지 하면서 승압을 진행하게 되면 한전시설부담금이 발생한다.

계약 전력이란? 전기공급 사업자인 한전과 전력 사용량을 정하여 계약한 수용 전력을 의미하며 기본 계약전력 5kw고압이냐 저압이

냐에 따라 기본요금이 달라진다.

계약전력 이상의 전력량을 사용하게 되면 초과사용부가금이 나오게 된다. 초과사용부가금은 두 번째 전력 초과부터 적용되며 3년 동안 총 6회 이상 초과되면 요금의 최대 300%까지 초과사용부가금이 적용되니 고지서에 초과사용 고지가 되면 빠르게 처리해야 한다.

계약된 전력보다 무리하게 전기를 사용하게 되면 차단기의 단락과 소손 등 전기 설비의 문제가 일어날 수 있고, 자칫 잘못하다간 화재까지 발생할 수 있으니 계약전력에 알맞은 전력소비를 하는 것이 좋다.

잠깐 기본용어에 대해 설명하고 넘어가자.

W 와 kW는 무엇일까?

W나 kW는 전자 제품을 다룰 때 흔히 볼 수 있는 단위이다. W는 전력 단위로 초당 소비, 발전되는 전기에너지를 나타낸다. 예를 들어 W 수치가 큰 전구는 초당 소비되는 전력도 크기 때문에 더 밝은 빛을 발할 수 있다.

kW도 W와 동일하게 전력을 나타내는 단위이다.

둘 사이의 차이는 전력의 양을 나타내는 자리 크기로 1kW는 1000W에 해당한다. 예를 들어 110W와 1.1kW를 비교한다면 1.1kW는 1100W 이므로 1.1kW가 전력이 더 커지는 것 이다.

그럼 kWh는?

kWh는 에너지를 뜻하며 전력량의 '단위'이다.

맨 뒤에 h는 시간을 나타내는 hour가 조합된 것으로 쉽게 설명하면 자동차 계기판에 100km/h처럼 1시간동안 100km를 달리면 100km

를 갈 수 있다와 같다.

즉, 1kWh는 1kW의 전력을 1시간 소비했을 때의 전력량이라고 할 수 있다. W나 kW가 단위 시간당 전기의 크기를 나타내는 데 비해 kWh는 전기를 사용한 양을 나타내는 것이 특징이다. 우리가 한전과 계약하는 전기요금의 설정도 '1kWh당 OO원'으로 되어 있는 것이 일반적이다. 우리가 전기요금 영수증을 받아보면 사용량의 단위가 kWh인 것을 확인할 수 있다.

운영해본 경험이 없는 경우, 무인 아이스크림 할인점을 운영하려면 전기 승압 증설 공사를 해야 하는 것은 알고 있지만, 내가 정한 매장이 공사를 해야 하는지 안 해도 되는지 모르는 경우도 많다. 이럴 때 전기를 사용하는 모든 장비가 24시간 가동되었을 때의 전력량을 계산해야 한다.

물론, 에어컨의 경우 인버터 방식으로 설치하면 온도에 따라 실외기가 돌다가 멈추고, 돌다가 멈추고 반복되지만 그건 날씨의 영향이나 매장의 온도에 따라 다르므로 계산할 때에는 24시간 가동을 기준으로 계산해보면 된다.

무인 매장에서 전기를 사용하는 제품들을 나열해보자.
(매장 환경 및 상황에 따라 조금 상이할 수 있음)
- 무인결제기 키오스크 1대 (a)
- CCTV 4채널 및 모니터 1SET (a)
- LED 채널간판 (a)
- 매장 내 등기구 (a)

- 아이스크림 냉동고 8대 (b)

대표적으로 이정도가 될 것이다.

물론, 비수기를 극복하기 위해 추가로 음료 쇼 케이스를 넣을 수도 있겠으나, 일반적인 기준으로 작성하였다. 우선, (a)는 1,000W로 계산한다. 물론 간판 사이즈나 형태에 따라 달라질 수 있으니 유의하자. (b)는 사람들마다 이야기가 다르지만 빙과업체 말로는 넉넉하게 1,000W로 잡는다고 한다. 그럼 9,000W가 될 것이고 향후 추가되는 요소를 생각해서 넉넉하게 10Kw로 계약하는 것이다.

어떤 선택을 할 때에는 긴가민가 하는 경우가 있는데 이럴 때는 돌발변수를 대비하여 여유 있게 잡는 편이 좋다.

"사용해보고 부족하면 나중에 늘려야겠다."라고 생각하지 말고 중요하고도 귀찮은 일은 아예 만들지 않도록 사전에 여유 있게 계약할 것을 권장한다. 너무 빡빡하게 잡는 경우 계약전력량을 초과하였을 때 누진세가 붙게 된다.

Tip. 너무 하나하나 따져가며 계산할 필요는 없다. 아무리 계산해도 우리가 생각한대로 전기세가 나오지는 않는다. 다만, 무인 매장 운영에 있어서 '전기'는 굉장히 중요한 요소기 때문에 맛보기의 이론을 알았으면 하는 마음에 내용을 넣었다.

- 인테리어 단계에서 작업해야 할 것들

(1) 인터넷 개통, 전기 작업은 키오스크 설치 전까지 필수
(2) 인터넷 선이 제품 설치될 위치에 빠져나와 있어야 함
(3) 콘센트 2개 필요(키오스크, 공유기)
(4) 키오스크, 포스의 선 정리를 위해 하부장 준비 시 타공
※ 키오스크 종류, 매장 상황에 따라 달라질 수 있음.

- 냉난방기(에어컨)

에어컨의 핵심은 '실외기'이다. 비용을 줄일 수 있는 방법 중 하나는 에어컨은 중고로 구입하되, 실외기 만큼은 상태가 좋은 것으로 구입하자. 또한 인버터 방식을 권장한다. 인버터 방식인 에어컨과 아닌 에어컨의 전력소모는 굉장히 많이 차이가 난다. 조금 더 투자하여 인버터 방식으로 설치하는 것이 누적되는 전기요금을 줄일 수 있는 방법이다.

또한 에어컨은 매장 평수의 2배 기준으로 설치해야 한다. 특히나 무인 아이스크림 할인점은 냉동고에서 발생되는 열이 상대적으로 많이 나오기 때문에 꼭 매장평수보다 높은 평형으로 설치해야 한다. 만약 에어컨을 설치했음에도 열이 빠져나가지 않는다면 환풍기를 추가로 시공하여 열을 빼내 주는 것이 전기세 절감에 도움이 된다.

(4) 무인 결제기 키오스크

무인 매장의 오픈을 위해 많은 사람들과 상담을 하면서 느낀 점은, 일반적인 사람들은 어떤 업종을 운영할 것인지 정하고, 매장을 임차한 후 인테리어를 하면서 키오스크나 CCTV, 신용카드출입통제 시스템 등 정작 무인매장

운영의 핵심을 뒤늦게 알아보고 결정한다. 그런데 더 큰 문제는 무인 매장의 특성상 무인결제기 키오스크의 선택이 무인매장 사업의 가장 큰 핵심임에도 불구하고 알아본 제품 중 가장 싼 제품으로 선택한다. 이는 고정비를 줄이기 위함임을 알지만, 아주 치명적인 실수다. 특정 제조사의 제품을 수록하는 것은 부담스럽고, 몇 가지 선택요령을 알려드릴까 한다.

키오스크는 소프트웨어적으로 다양한 업종의 솔루션이 출시되어 있고, 하드웨어적으로는 다양한 장비가 현존하고 있다. 먼저 외식업과 유통업의 구조에 대한 이해가 살짝 필요하다. 대다수의 사람들은 그게 무엇이든지간에, 키오스크만 설치하면 대기업 프랜차이즈처럼 쿠폰도 되고, 카카오페이도 되고, 포인트 적립도 되고 모든 기능이 다 되는 줄 안다.

그러나 결론부터 말하면 절대 그렇지 않다. 외식업 솔루션을 개발하는 회사가 무인유통점이 갑자기 뜨니, 새로운 솔루션을 만들 여력도, 시간도, 돈도 안 되고 그러다보니 기존에 개발해놓았던 외식업을 텍스트만 바꾸어 무인 유통점 솔루션으로 둔갑하기도 하고, 유통업임에도 불구하고 기본적인 재고관리에 대한 기능이 없기도 하다. 참고로 외식업은 재고관리에 대한 개념이 없다. 실제 원재료 관리 기능은 있지만, 포스나 키오스크를 가지고 이를 사용하는 곳은 단 한곳도 없다.

그런데 유통점은 다르다. 재고관리 기능이 있어야 한다. 지금의 무인점포는 창업의 대상이 중장년층보다 청년을 비롯한 30~40대가 많다. 그리고 대체적으로 기기를 잘 다루는 편에 속한다. 그런데 이를 두고 어떤 이는 말한다. "아이스크림 재고관리를 어떻게 해?" 이것도 맞는 말이다. 상품 특성 상 아이스크림 재고관리를 하기란 쉽지 않다. 특히나 종류로 승부를 띄우는 할인점에서는 더욱이나.. 하지만, 이제는 아이스크림이라는 한 가지 종류로 많은 매출을 만들기에는 거의 불가능에 가깝다. 때문에 다른 상품과 결합하여야 한다. 아이스크림은 재고관리가 어렵지만 이를테면 애견용품이나, 과자, 음료 종류는 재고관리가 가능하다. 그리고 정말 제대로 시작하는 곳은 대부분 재고관리 기능을 사용한다. 글로써 나열하자면 키오스크를 선택하는 기준이 너무나도 많고, 매장운영방식에 따라 필요로 하는 기능들이 모두 상이하기 때문에 무엇보다 키오스크 선택을 잘해야 한다.

첫째 : 먼저 유통업 솔루션이 맞는지 확인한다.

외식업으로 사용하던 솔루션을 명칭만 바꾸어 유통업으로 둔갑한 것이 아닌지, 유통업 버전으로 개발된 것이 맞는지 확인해야 한다. 하지만 상황에 따라 유통업 버전 기능에는 없지만 외식업 버전 기능에는 있는 기능들이 있을 수 있기 때문에 무조건 유통업 솔루션으로 설치해야 한다고 이야기하는 것은 절대 아니다. 다만, 이해도가 낮고, 경험이 없는 분들이 사용하시기에는 유통업 기반으로 만들어져있는 키오스크가 낫다는 것이다. 실제 필자의 회사에서 운영, 관리를 맡고 있는 스마트점포는 유통업과 외식업의 샵인샵/멀티샵 기반이라 유통업 솔루션이 아니라 외식업 솔루션을 상황에 맞게 응용해가며 사용하고 있기도 하다. 다만, 처음 접하는 경우라면 유통버전을 사용할 것을 권장한다.

둘째 : 키오스크 설치 전 부득이한 경우가 아니고서는 직접 회사로 찾아가 실물제품을 보고, 시연을 해야 한다.

키오스크는 단순한 가전제품이 아니다. 내 매장의 매출을 책임지는 기계이면서 점주 대신 매장을 운영해주는 존재이다. 그렇기 때문에 일반 신용카드단말기나 포스단말기처럼 저렴하지 않다. 카드전용인지, 카드 현금 겸용인지에 따라 금액차이는 나지만 최소 200만원 ~ 500만원, 그 이상도 있다. 이렇게 값비싼 키오스크를 무작위로 영업하는 영업사원의 팜플렛만 믿고 덜컥 계약을 해버리면 결국 손해는 점주의 몫이다. 잠깐 자동차에 비유를 해보자. 우리가 자동차를 구매할 때 대부분은 한번쯤 전시장을 찾아가 보기도 하고, 직접 시승을 해보기도 하면서 구매를 할지 말지 결정을 한다. 그 과정에서 어떤 옵션이 있는지 확인하고, 내게 필요한 옵션인지 아닌지를 나누기도 하며, 금전적인 이유로 내가 가진 형편에 맞게 옵션을 선택하여 출고한다. 주변 지인이 해당 자동차를 탄다고 해서 그 사람 말만 믿고 덜컥 구매를 하진 않는 것처럼, 키오스크도 마찬가지이다. 물론 자동차는 한번 구매하면 오랫동안 소유하며 운행을 해야 하고, 가격도 한두 푼 하는 것이 아니기 때문에 신중을 기하듯, 키오스크도 매장에 있어서 그런 중요한 역할을 하게 된다.

키오스크 시장도 수많은 경쟁업체와 키오스크 시장의 수요를 미리 예측하고 발 빠르게 뛰어 들어온 영업딜러들이 아주 많다. 심지어 번듯한 사무실 없이 자택 혹은 오피스텔에서 업무를 처리하는 곳도 있다. 꼼꼼한 사람들은 이러한 세심한 것 까지 체크를 하는 반면, 대부분은 전화통화만으로 계약을 결정한다. 그러나 굉장히 위험한 발상이며, 포털 사이트에 조금만 검색 해봐도 그러한 업체들로부터 피해를 입은 점주들이 많다. 제조사도 중요하지만 해당 매장을 관리하는 주체인 관리업체도 신중히 선택해야 한다. 필자의 경우 울산에서 무인 매장을 운영하시려는 분께서 SRT를 타고 필자의 회사까지 오셔서 직접 시연하고 가신 분이 있는데 시간이 지난 지금도 돈독한 관계를 유지하고 있다. 정말 중요한 것은 거리보다도 관리이다.

셋째 : 계약 형식을 확인하라

우리나라에는 참 많은 계약 형식이 있다. 일시불로 구매하는 방법, 리스로 계약하는 방법, 렌탈로 계약하는 방법, 할부로 계약하는 방법, 캐피탈을 이용하여 내구제 대출을 받아 계약하는 방법 등 정말 무궁무진하다.

이렇게 계약의 종류가 많으니 당연히 헷갈릴 수밖에 없고, 복잡하게 느껴질 수밖에 없다. 필자도 키오스크 산업에 뛰어들지 않았다면 막막했을 것 같고, 맨 처음 시장 구조를 완벽히 이해하는데 시간이 걸렸었다. 실제로 필자가 카페창업을 준비할 때 아주 다양한 형태의 커피머신, 기능별로 가격이 천차만별인 커피머신을 알아보면서 막막했던 기억이 있는데, 입장을 바꾸어놓고 보면 우리 독자 분들도 필자가 느꼈던 기분을 느낄 것으로 예상된다. 그래서 이 책에 아주 읽기 편하면서 이해하기 쉽도록 구성하는데 정말 많은 노력을 했다.

일시불로 구매하는 경우에는 관리의 주체를 꼭 확인해야 한다. 그리고 만약 해당 회사가 부도, 폐업, 도산 등 경영을 하지 못하는 상황에 이르렀을 때 어떻게 대비가 되어 있는지 확인해야한다. 대부분의 사람들은 기기를 일시불로 구매하면 관리를 잘 안 해준다고 생각한다. 물론, 임대로 다달이 비용을 받아야 하는 것과, 고객이 구매를 해서 따로 받을 비용이 없는 것은 차이가 있긴 하다. 그래서 이를 악용하는 업체도 분명히 있다. 그러나 비단 일시불만의 문제는 아니다. 그렇게 악용하는 업체는 오히려 임대나 리스, 할부를 통해 절대 해지 할 수 없도록 꼼수를 쓴다. 우리는 임대를 받아 사용하다가 마음에 들지 않으면 돈을 안줄 생각을 한다. 하지만 법적 계약은 그리 호락호락하지 않고, 이를 악용할 업체는 이미 몇 수 앞을 두고 계약서에 명시를 모두 해놓는다. 마음에 안 든다고 내야할 비용을 안낸다면, 그 이유를 막론하고 신용불량자가 되는 지름길이다.
그래서 관리업체의 중요성을 계속해서 강조하고 있다.

리스로 계약하는 경우, 계약기간은 어떻게 되며, 계약기간동안은 누구의 소유권으로 남아있는지 확인해야 한다. 또한 가장 중요한 위약금 항목을 꼼꼼히 체크해야 한다. 계약 당시 위약금에 대해서 확인을 잘 해놓지 않으면 추후 혹시라도 폐업을 할 때에 생각지도 못한 부분에서 문제가 될 수 있다. 폐업을 하는 사람들은 대부분 그렇다. 열심히 하다가 잘 안된 경우도 있고, 마인드가 잘못되어 망한 경우도 있지만, 둘 중 어디에 해당된다고 하더라도 같은 이야기를 반복한다. "폐업하는 것도 서러워죽겠는데! 내가 하고 싶어서 하나?! 장사가 안 되니까 하지! 그런데 위약금을 이렇게나 받는다고?!" 하지만 우리는 그것을 알아야 한다. 일시불로 구매할 수 있는 선택권이 있었음에도 초기비용을 줄이면서 원하는 시스템을 구현하기 위해 우리가 "리스"를 선택한 것임을..

최소의 비용으로 고효율을 생각했던 것은 "리스"를 선택한 우리다. 리스로 해준 것에 대해 감사해야한다고 생각한다. 왜냐하면 대부분 업체의 키오스크는 가격도 비싼데 월 리스계약이 없고 무조건 일시불로 해야 하거나, 점주의 신용도를 기반으로 한 캐피탈 계약을 체결하는데, 캐피탈 계약의 경우 중도 해지가 되지 않기 때문이다. 이런 점에 비춰보았을 때 "누구나 폐업을 할 수 있다"라는 생각으로 해지 시 위약금에 대한 사전 확인이 꼭 필요하다.

⟨키오스크의 형태⟩

일체형   분리형   탁상형

SCO모델

현재는 일체형으로 설치하는 곳은 매우 드물다. 일체형으로 하게 되면 소비자가 상품을 올려놓을 테이블을 별도 맞춤제작을 해야 하며, 잘 찍는지 안찍는지 구분하기 위해 일체형 키오스크를 기준으로 왼쪽, 오른쪽에 계산대를 설치하여 계산 전인 상품은 왼쪽, 바코드를 스캔한 상품은 오른쪽으로 놓도록 하고 있다.

그다음은 분리형이다. 분리형은 일체형에서 맞춤 제작한 셀프계산대에 설치된 형태이다. 탁상형 제품이 신제품으로 나오기 전까지 분리형 제품이 가장 많이 설치되었는데, 설치를 해보니 고객이 상품을 스캔하기 위해 셀프계산대에 서면 현금결제 시 현금을 어디에 넣어야 할지 몰라 하는 경우가 많았다. 그래서 이를 보완하기 위해 나온 제품이 탁상형이다.

탁상형은 현재 가장 많이 판매되고 있는 제품 중 하나이고, 카드와 현금부가 일체형으로 되어 있어 소비자들도 편리하게 결제를 할 수 있는 형태의 키오스크이다.

다시 한 번 이야기하지만, 하드웨어도 중요하지만 더 중요한 것은 솔루션이다. 겉모습만 보고 솔루션을 보지 않는 행동은 절대 해서는 안 된다.

(5) 매장 내 보안 시스템

어느 덧 '무인 아이스크림 할인점' 시장도 공식적으론 3년차를 맞이했다. 생소하던 무인점포가 생겨나면서 소비자들의 인식도 바뀌었고, 코로나19 바이러스로 인해 언택트 소비문화가 빠르게 확산되었다. 덕분에 무인 결제기 키오스크의 시장은 5년 정도 빠르게 앞당겨졌다고 생각한다. 많은 자영업자들이 생계를 목적으로 장사를 시작하지만, 시작 전과 시작 후는 아주 많이 다르다는 것을 나중에야 체감한다. 무인 매장을 오픈 하려는 사람도 처음에는 '인건비가 안 드네?' 라는 생각으로 접근한다. 그런데 그럼에도 불구하고 매장관리를 잘할수록 매출이 오른다는 것을 아는 사람은 문제될게 없지만, 정말 아무것도 안하고 기계가 알아서 모든 것을 다 할 거라는 생각을 가진 사람은 오픈한지 1년이 채 되지 않아 폐업 절차를 밟는다. 개인적으로도 참 안타까운 일이다.

여하튼, 무인 매장을 오픈하게 되면 처음에는 매장을 볼 사람이 필요 없다는 이유에서 시작을 하게 되는 경우가 많은데, 오픈을 하는 와중에 혹은 오픈을 하고 부터는 사람이 필요 없기에 시작했던 일이, 도난의 걱정으로 번지게 된다. "누가 계산을 안 하고 가져가면 어떡하지?", "누가 훔쳐 가면 어떡하지?", "로스율은 몇 프로나 되는 거야?" 등등 정말 다양한 생각이 들기 마련이다. 물론 요즘은 인터넷에서 다양한 정보를 얻을 수 있기에 사전에 로스율에 대해 알고 시작하는 사람들도 많지만, 사실 인터넷에서 얻는 정보는 실제 매장을 운영하면서 정말 필요로 하는 정보일 확률이 낮고, 그 정답이 사실이라고 하더라도, 상권마다, 환경마다, 사장의 스타일마다 모두 다르기 때문에 그 정보가 내 매장에도 해당이 될지는 미지수이다.

이러한 이유들로 인해 매장에 상주하고 있지 않아도 매출이 발생한 다는 점을 매력으로 꼽아 창업을 했는데, 하루 종일 매장 CCTV만 들여다보고 있는 내 모습을 발견할 수 있다. 여기서 CCTV에 대한 팁을 알려주겠다.

CCTV 시스템

첫째, CCTV는 어디서 설치하든 대부분 210만화소이다. 210만 화소는 물체나 사람을 식별하는데 큰 무리가 없다. 다만, 키오스크가 매장 입구에 있는 경우 보통 유리창을 등지고 키오스크를 설치하게 되는데, 해가 중천에 떴을 때 빛 번짐으로 인해 고객이 키오스크에 물품을 잘 찍고 있는지 식별이 어려운 경우가 있다. 이런 경우 듀얼 모니터를 하나 추가로 설치하여 키오스크 위에 놓고 카메라가 보이는 방향으로 설치하는 방법이 있고, CCTV를 500만화소로 늘리는 방법이 있다. 대부분 CCTV 설치 시 각도를 잘 잡으면 빛 번짐 현상이 없으니 설치 전 위치선정을 잘해야 한다.

둘째, 매장 내 사각지대가 없어야 한다. 매장의 평수와 진열 매대의 위치에 따라 사각지대가 생길 수 있는데 이 때에는 CCTV를 4채널로 하지 말고 조금 더 투자하여 8채널로 설치하자. 필자가 운영하고 있는 매장들은 모두 16채널이다. 이렇게 한 이유는 평수가 크기도 하지만 최대한 다양한 각도로 사각지대를 없애는 것이 목표였기 때문이다. 한 번은 이런 적이 있었다. 어떤 고객이 매장에 들어와 30분 동안 아무것도 사지 않고 모든 진열 매대를 다 돌아다니며 눈치를 보다가 매장에 비치되어 있는 검은 비닐봉투에 당류, 껌류, 과자를 담았다. CCTV가

사각지대가 없다는 걸 몰랐던 것 같은데, 구매하는 척 집어서 카메라를 등지고 옷에 넣고, 비닐봉투에 넣었다. 그 사람은 CCTV를 등지고 몰래 넣었다고 생각했겠지만, 앞쪽 CCTV에서 또 그 사람을 찍고 있었다. 그래서 정확하게 무엇 무엇을 훔쳐갔는지 모두 파악하고, 그 사람을 잡아서 모두 변상하게 했다. 소자본을 목표로 시작하는 사람들에게는 200만 화소의 4채널을 권장하며, 사각지대가 있을 것 같으면 카메라를 추가해서라도 사각지대는 없도록 설치하자.

CCTV가 많이 설치되어 있다면 고객도 심리적으로 허튼 행위를 하지 못하고 오히려 오해받지 않기 위해 계산을 더 정확히 하게 된다. 또한 설치 시 양방향 음성 통제가 가능하게 한다면 꼭 매장에 있지 않아도 고객과의 소통이 원활할 것이다.

TIP. CCTV 운영관리 팁 01
1. 매장 운영 중 누군가 CCTV를 보여 달라고 하면?
어떤 사고나 사건이 발생하면 고객 혹은 경찰관으로부터 CCTV를 열람해달라고 요청을 받게 된다. 법률지식이 없거나 이런 경험이 없다면 "경찰이니까, 보여줘도 되겠지"하는 마음에 쉽게 내줄 수 있는데 사실 법적으로는 제공하면 안 된다.

* 개인정보보호법 제18조
매장 관계자는 영상에 촬영된 사람의 동의를 받거나 다른 법률에 특별한 규정이 있는 경우가 아니면 CCTV에 촬영된 다른 사람들의 개인정보를 제3자(경찰, 고객 등)에게 제공할 수 없다. 이를 위반한 경우 개인정보보호법 제71조에 따라 5년 이하의 징역 또는 5천만 원 이하

의 벌금에 처하게 된다.

필자도 매장을 운영하면서 사건사고를 많이 겪어보았지만 원칙은 생각보다 굉장히 중요하다. 내가 좋은 마음으로 행한 일이 향후 화살이 되어 나에게 돌아 올 수 있기 때문이다. 원칙대로라면 사건번호가 있는 공식 요청일 때에만 영상 자료를 주어야 한다.

TIP. CCTV 운영관리 팁 02

보통 거의 대부분의 사람들이 또는 대부분의 업자들이 CCTV 녹화기를 단순 영상녹화용으로만 사용하는데, 우리가 무인 매장을 운영하게 되면 가장 많이 자주 할 일이 CCTV를 매번 돌려보는 일이 될 것이다. 이때, CCTV녹화기에 알람포트를 활용하면 고객이 셀프계산을 할 때 녹화된 영상본이 별도로 표시가 된다. 즉, 모든 영상을 돌려볼 필요가 없다는 것이다. 자세한 내용은 CCTV 시공업자에게 문의하도록 하자.

2. 순찰 신문고

http://patrol.police.go.kr/usr/main.do

무인 매장을 운영하는 사람이라면, 숙면을 취하게 되는 심야시간을 제일 걱정한다. 대부분의 창업자들은 심야매출을 바라보고 24시간 운영을 선택하지만 그 중 일부 창업자들은 오히려 심야에 두발 뻗고 못 자겠다고 불안해하기도 한다. 소자본, 적은 관리 포인트 때문에 시작한 무인매장이 오히려 개인의 삶에 영향을 주는 포인트가 되는 것이다.

바로 뒤이어서 설명하게 될 IOT 현금 키오스크 박스 보안 시스템을 설치했다면, 그나마 보상이라도 받을 수 있어 안심하긴 하지만, 애초에 그런 일을 만들고 싶지 않아 하는 성향의 창업자들도 있기에(사건발생 후 경찰신고접수, 합의와 같은 과정들) 지금 설명할 순찰 신문고는 조금이라도 도움이 될 듯싶다.

작년부터 올해까지 발생한 절도 사건들을 살펴보면, CCTV가 있어도 아무렇지 않게, 대담하게 절도를 행하는 모습을 볼 수 있다. 어디까지나 예방하는 차원이지만 경찰청에서 운영하는 '순찰 신문고'가 있다. 순찰신문고는 탄력순찰이라는 새로운 순찰방식을 도입했는데, 이때까지 경찰은 각종 범죄, 112신고 등 치안통계를 토대로 경찰의 입장에서 순찰시간과 장소를 선정해왔다. 그러나 2017년 9월부터 온라인이나 오프라인을 통해 순찰을 희망하는 시간과 장소를 접수하면 경찰이 순찰 서비스를 제공해주는 새로운 서비스를 시행하고 있다.

탄력순찰은 온라인 '순찰신문고' 홈페이지와 스마트 국민제보, 오프라인 지도에 순찰을 희망하는 시간과 장소 그리고 112신고량을 분석한 후 우선순위와 순찰주기를 결정하여 순찰계획에 반영한다.

순찰신문고에 접속하여 신청할 때 순찰장소, 날짜/시간, 순찰사유, 요청사항, 작성자, 순찰여부 회신, 회신이메일주소 등을 입력하면 된다. 순찰회신 여부를 메일로 받으면, 순찰 레포트 형식으로 순찰 정보를 메일로 보내준다.

모든 범죄는 예방이 가장 중요하다. 이렇게라도 경찰관이 순찰을 하게 되면 그 모습을 보는 사람들이 경각심을 가지게 될 것이고, 만일 절도를 목적으로 배회하고 있을 때 순찰하는 것을 한번이라도 본다면 쉽사리 범죄를 저지를 순 없을 것이다.

– 현금 키오스크 박스의 절도 사건에 대한 대안

2020년 하반기부터 2021년 상반기까지 무인 매장을 운영하는 사람들에게 이슈였던 것은 키오스크를 '빠루'로 무단 개폐하여 그 안에 들어있던 현금을 모두 훔쳐간 사건이다. 검색을 통해 '무인매장 절도'를 검색해보면 아주 많은 사례의 뉴스들을 확인할 수 있는데, 이는 꼭 남의 일만은 아니다. 점점 절도범죄율이 급상승하는 것은 그만큼 무인매장이 많아지고 있다는 이야기인데 반면 이에 대한 대안은 없어 아침에 일어나면 가장 먼저 하는 일이 CCTV로 매장 키오스크를 살펴보는 일일 것이다.

어떤 뉴스에서 무인매장이 대기업 보안업체를 통해 보안시스템을 구축하고 보험 상품까지 가입했는데, 막상 절도사건이 발생하니 보안시스템에 대한 보험 상품은 매장이 문을 닫고 경계를 한 상태에서 발생한 절도범죄여야 보상이 가능하다며 울분을 토하는 사람들을 보았다. 만약 계약당시 이러한 내용을 사전에 설명해줬다면 계약을 하지 않았을 것인데 사전 안내가 없었다고 불만을 토로하는 뉴스였는데 사실 동전장사 위주인 무인 아이스크림 할인점 사업주들은 '그런 일이 1년에 한번 생길까 말까 한데 그걸 위해 월 6만원~9만원을 어떻게 내냐'고 생각한다. 물론 그 말도 일리 있는 말이다. 하지만 여러분이 알아야 할 사실이 있다. 만약 최소한의 확률로 만약 내 매장에 그런 사건이 발생했다면 어떻게 될까? 빠루로 강제로 키오스크를 뜯으며 키오스크 함체가 손상되고 수리비가 수십만 원 나올 것이며, 운 나쁘게 전날 매장에서 현금회수를 하지 않았다면 또 수십만원을 날리게 된다. 그런데 범인을 검거하고 보면 대부분 '촉법소년'이거나 합의가 불가능한 사람들이 주를 이룬다. 이 경우 사업주가 울며 겨자 먹기로 손해를 봐야하는 금액은 추청금액으로 50~100만원이다. 실제 필자가 관리하고 있는 거래처에서 '절도사건'이 발생했고, 이를 수리하는데에만 60여만원이 들었고, 그 안에 있던 현금 50만원가량이 없어졌다. 남의 일일 때야 그렇구나 하고 넘어가겠지만 이런 일들이 당장 나의 일이 된다면, 밤새 잠도 못 잘 것이다. 필자는 이런 상황들이 지속적으로 발생하는 것을 예방하고, 예방에서 막지 못하여 실제 이런 사건이 발생하였을 때 사업주에게 즉시 통보하고 매장에서 사이렌을 울리면 어떨까 하는 생각에 IOT를 이용하여 키오스크 보안 시스템을 개발하였다. 또한 사건이 발생하고 나면 계약되어 있는 보험회사에서 유가증권/현금 100만원, 키오스크 파손에 대해 250만원까지 보상해주는 보상플랜을 만들었다. 보험료는 매월 1만원 수준이다. 이러한 시스템을 잘 이용한다면 피해를 최소화하거나 손해를 복구할 수 있다.

〈한비소프트 IOT 자가 보안시스템〉

무인 매장을 운영하면서 가장 걱정되는 부분이 '현금도난'이다. 필자가 운영하는 매장도 마찬가지다. 내가 잠을 자는 시간에 매장에서 금고를 털고 있는지도 모르고, 편하게 자는 것. 이것은 무인매장을 운영하는 사람들이라면 공감할 대목이다. IOT자가 보안시스템을 구축하면, 누군가 금고를 무단 개폐할 때, 사업주의 스마트폰으로 비상 알람 푸시를 송출하고, 매장 내에서는 약106데시벨의 소리로 사이렌이 울리며 경광등이 작동한다. 사실 이걸 설치했다고 해서 일어날 범죄가 안 일어나진 않는다. 하지만 경각심을 줌으로써 범죄를 예방할 수 있으며, 만일 사건이 발생하더라도 보험회사를 통해 보상을 받을 수 있기 때문에 최소한의 안전장치를 하는 것에 의의를 두는 것이다. 가장 큰 장점은 한 번의 구매로 매월 발생하는 비용이 없다는 것이다.

〈IOT 자가보안 시스템 적용 예〉

– 신용카드 출입통제 시스템

신용카드 출입통제 시스템은 대기업 편의점에서 흔히 보았을 것이다. 매장 입구에서 신용카드를 출입인증기기에 삽입하면 유효성 검사를 통해 정상인 카드만 매장의 문을 열어주는 시스템이다. 어떤 문제가 발생해서 그 사람을 찾아야 한다면, 출입 인증 시스템에 기록되어 있는 카드를 찾아 역으로 연락을 할 수도 있다. 하지만, 아이스크림만 판매하는 매장의 경우에는 배보다 배꼽이 더 클 수 있다. 잘 기억했다가 향후 아이스크림 뿐 아니라 다른 아이템을 추가로 판매하게 되었을 때, 객 단가가 높아질 것 같을 때 도입하면 불안해하지 않고 편안한 여가생활을 즐길 수 있다. 도입비용은 기기들마다 다르나 통상 200~300만원선이다.

〈신용카드 출입통제 시스템을 흉내만 내는 경우도 있는데, 신용카드, 체크카드, 삼성페이, 후불교통카드로 입장이 가능한지 꼭 확인하여야 한다.〉

(6) 인터넷 설치(공유기/속도의 영향)

수천 개의 제품을 설치하면서 정말 다양한 환경에 제품을 설치해본 경험으로 볼 때, 인터넷에 대한 개념이 잡혀있지 않은 사람들이 많았다. 일반적으로 매장을 운영하는데 필요로 하는 대부분의 장비들은 인터넷을 필요로 한다. 옛날까지만 해도 보통 인터넷은 100M 설치를 주로 했고, 지금은 지역, 매장마다 500M로 설치하는 경우도 있다.

또한 지역마다 광케이블이 들어오는 경우가 있고, 아닌 경우가 있다. 심지어 어떤 지역은 아직도 전화선 인터넷이 들어와 있는 경우도 있다. 이런 경우에는 100M 상품을 이용하더라도 온전히 100M를 다 사용할 수 없다. 보통 속도 측정을 해보면 10~20M 정도 나온다. 경험담이다.

지역마다 어디서 인터넷이 들어오는지가 다르기 때문에 인터넷 때문에 스트레스 받지 않기 위해서는 사전에 통신사별로 체크를 해볼 필요가 있다. 키오스크든, CCTV든, 인터넷 속도의 영향을 많이 받기 때문에 인터넷 속도 자체가 느리면 당연히 결제속도가 느릴 수밖에 없고, 스마트폰으로 CCTV를 볼 때에도 속도가 더딜 수밖에 없다. 하지만 일반적인 사람들은 장비 탓을 한다. 통신사에서 상황 설명을 해주고 이래서 인터넷이 느릴 수밖에 없다고 고지라도 해주면 감사하겠지만, 본인들의 회선에는 문제가 없다는 답변만 하니, 비난은 업체의 몫이다.

키오스크나 CCTV등 인터넷 기기들이 평소보다 느려졌거나 잘 되지 않는다면, A/S 신청 전에 인터넷 점검을 해보자.
인터넷 점검은 대표적으로 다음과 같은 사이트들이 있다.
– NIA 스피드 인터넷 속도측정
(speed.nia.or.kr)
– 사용하고 있는 각 통신사별 사이트에서도 인터넷 속도측정이 가능하다.

공유기도 최대속도가 있다.

만약 1G의 인터넷을 사용하는데, 사용하고 있는 공유기가 최대 100M의 속도만 지원한다면, 인터넷 비용은 1G의 비용을 내고 있지만 100M의 속도까지만 사용할 수 있다. 그래서 보통 통신사에서 설치해 주는 기가 공유기를 사용하는데, 경우에 따라 통신사 공유기를 사용하면 고정IP를 사용하려면 추가로 월비용을 내야하기 때문에 사설공유기로 사용을 한다. 이럴 때 해당 공유기가 현재 사용하고 있는 인터넷 회선 속도만큼 받쳐주는지 꼭 확인해야 한다. 대부분 키오스크, CCTV 등은 인터넷 문제로 장애가 발생하는 경우가 98% 이상이다. 또한 공유기는 소모품이기 때문에 장기간 사용했다면 적절하게 한 번씩 바꿔주는 것도 좋다. 노후화 된 장비들은 성능을 발휘하기 어렵다는 점을 명심하자.

Chapter5. 세무이야기

첫째, 간이과세자와 일반과세자의 차이

둘째, 신용카드 등의 사용에 따른 세액공제

셋째, 환급의 개념

넷째, 사업자통장과 사업자카드 발급

다섯째, 경비처리 방법

세법이라는 것이 매년 바뀌기 때문에 위 5가지만을 가지고 이야기 해보자.

첫째, 간이과세자와 일반과세자의 차이

연간 매출금액이 8,000만원 미만일 경우 간이과세자 그 이상일 경우 일반과세자로 사업자등록증 신청을 한다.

간이과세자의 경우 업종별로 0.5 ~ 3%의 낮은 부가세율이 적용되지만 매입세액의 5~30%만 공제 받을 수 있고 세금계산서를 발행할 수 없다.

일반과세자의 경우 부가가치율은 매출 10%, 매입 10%이나, 간이과세자의 경우 공급한 대가에 업종별 부가가치율을 적용해 곱해서 실제로는 매출세액의 0.5 ~ 3%의 낮은 세율로 적용 받을 수 있다.

간이과세자는 부가세 혜택을 받는 대신, 세금계산서 발행이 불가능하다. 매입내역이 인정되지 않기 때문에 사업초기, 매입 세액이 매출세액 보다 많은 경우, 일반과세자는 차액만큼 환급을 받지만 간이과세자는 환급을 받지 못한다. 최근 세법개정으로 간이과세자 기준이 연매출 4,800만원 미만에서 연매출 8,000만원 미만으로 조정됨에 따라 직전년도 연매출 4,800만원 이상인 간이과세자는 세금계산서 발행의무가 생겼다. 물론 우리는 무인매장이기 때문에 세금계산서를 발행할 일은 없겠지만 참고하도록 하자.

사업자등록 시 간이과세자의 혜택을 누리고자 간이과세자로 등록한 경우 사업초기 매입세액이 많더라도 돌려받지 못하게 되는 상황이 발생할 수 있다.

세제 혜택으로는 일반과세자는 1년에 2번 부가가치세를 신고하지만, 간이과세자는 1년에 1번만 하면 된다. 간이과세자 중에서도 연간 공급대가가 2,400만원 미만인 경우 부가가치세 신고는 하지만 세금을 전혀 내지 않아도 되는 큰 장점이 있다.

이렇듯, 간이과세자와 일반과세자의 차이가 명확한데도, 검색을 해보면 누구나 알 수 있는 정보이지만, 그 검색의 방법, 검색할 생각을 미처 하지 못해 발생하는 문제이기도 하다.

둘째, 신용카드 등의 사용에 따른 세액공제

신용카드 결제를 받거나, 현금을 받고 현금영수증을 발행한 경우 세법상 1.3%의 세액을 공제 해준다. 그런데 간이과세자이고 음식점 업을 운영하고 있다면 2.6%까지 세액공제를 받을 수 있다. 즉, 이것을 카드 수수료와 비교한다면, 카드 수수료는 어찌 보면 공제받는 다고 생각할 수 있고, 2.6% 적용 대상인데 카드 수수료가 1.6%라면 1%씩은 누적하여 세액공제가 되는 것이다.

셋째, 환급의 개념

환급은 내가 매장 오픈 당시 들어갔던 비용이 5천만 원이라고 가정했을 때, 그 다음 세금신고 때 매출이 오픈에 들어간 비용을 초과하기는 어렵기에 환급을 생각할 수 있다.

예를 들어 매입비용이 5,000만원이고 그사이 매출이 2,000만원이었다면, 차액은 -3,000만원이고, 이에 대한 부가세 10%인 300만원을 환급받을 수 있다.

그런데 환급에 대해 잘 알지 못하는 사람들이 범하는 실수는 매입비용에 대한 세금계산서를 수취해야 하는데, 업자들이 현금가로 하면 조금 더 저렴하게 해주겠다는 말에 혹한다. 단면적으로는 저렴하게 창업한 것처럼 보일지 몰라도, 나중에 가면 환급도 받기 힘들뿐더러 종합소득세 신고 때 경비처리할 자료가 없으니 여기서 또 세금이 발생하며, 결국 싸게 한 게 아니라는 결과가 나온다.

넷째, 사업자통장과 사업자카드 발급

개인통장과 사업자통장 무엇이 다른 걸까?

개인통장의 경우에는 사업과 관련된 지출을 하게 될 경우 비용처리를 위해 모두 증빙을 해야 하며, 증빙을 못할 경우 비용처리가 어렵다. (여기서 증빙이란, 적격증빙이라고도 하는데 일반적으로 세금계산서, 계산서, 현금영수증, 신용카드 매출전표를 의미한다.) 대표자 개인이 사용하는 비용과 업무적으로 사용하는 비용이 뒤섞여 있기 때문인데, 이 때 사업자통장을 개설하여 사업자통장과 연결된 체크카드로 사업과 관련 된 비용을 지출하면 별도 증빙 없이 100% 비용처리가 가능하다.

단, 개인적으로 사용하는 것과 사업적으로 사용하는 것을 확실히 구분지어 사용해야 한다.

다섯째, 경비처리 방법

법인사업자는 예외로 두고, 우리 독자들은 대부분 개인사업자일테니 개인사업자 위주로 글을 작성하면, 개인사업과 관련 된 비용은 대부분 처리가 가능하다. 이를테면 매장의 전기요금, 수도요금, 관리비 등 모두 세금계산서를 받고, 고객 접대에 필요한 음료나 다과, 만약 상품을 판매하기 위해 대표자가 자차(본인차량)를 이용해 매입을 하는 경우 유류비도 경비처리 대상이 된다. 경비처리에 대한 세법 또한 그 때마다 다르니 확실하게 확인하여야 한다.

TIP. 본인차량을 장부에 등재 시 차량에 대한 감가상각비도 비용처리가 가능하다.

보통 세무사 사무실에 의뢰를 할 때 2가지 방법이 있다.
첫 번째, 단순대행(실무적으로 세무사들은 '신고대리'라 부름)
단순대행은 세금신고를 할 시기에 단순히 대행신고를 해주는 것이다. 때문에 비용처리든, 증빙이든 세무신고에 필요한 자료를 모두 대표자가 직접 챙겨서 제출해야 하며, 제출을 하지 못할 경우 당연히 비용처리를 할 수 없다.

조금 더 쉽게 풀어 이야기하면, 세무사에게 지불하는 기장료를 매월 부담하지 않는 대신 부가세 신고 때와 종합소득세 신고 때 일정액의 수수료를 지불하는 방식이다. 월 기장료를 지불하지 않는 대신 세무사 사무실에서 신경을 써주기가 어려워 형식적인 신고만 하다 보니 오히려 손해를 보는 경우도 발생한다.

두 번째, 기장업무

기장업무는 단순대행과 달리 매월 장부를 작성하며 사업장 관리를 해주는 것을 뜻한다. 대다수의 창업자들은 당장 매출이 크지도 않는데 굳이 기장을 맡겨야 하나 싶겠지만, 그것은 100% 대표자의 선택이다. 하지만 사업장 현황에 따라 초기부터 세무적인 리스크를 줄이고 싶다면, 기장업무를 맡기는 것도 방법이다. 그런데 한 가지 오류가 있다. 모든 세무사가 기장업무를 맡았다고 해서 나의 일처럼 해주는 세무사는 찾기 힘들다. 이건 업종을 불문하고 마찬가지일 것이다. 나와 마음 맞는 사업 파트너를 찾는 다는 것은 평생 반려자를 찾는 것처럼 어려운 일이다. 그런데, 우리 창업자들도 한 가지 오류를 범하고 있다. 기장료는 지역과 상황에 따라 상이하지만 10만원부터 15만원 20만원 25만원 등 모두 천차만별이다. 심지어 5만원도 있다. 그런데 우리가 사업을 하기 위해 다른 사람의 힘을 빌리는 입장에서 과연 싸고 질 높은 서비스를 받고자 한다면? 그 일을 해주는 사람도 사실 돈을 벌자고 하는 것인데, 돈이 되지 않는다면 굳이 열심히 해주려고 하지 않을 것이다. 입장을 바꿔 생각해보면 알 것이다. 내가 돈을 벌기 위해 투자해서 매장을 차려놨는데, 자꾸 손님들이 뭐하나 공짜로 계~~속 올 때마다 달라고 한다면?

만약 편의점을 운영하는데 손님들이 라면을 먹고 간다면 매장에서는 그 뒤처리를 해야 할 것이다. 음식물 쓰레기봉투도 사야하고, 먹다 흘린 것도 닦아야 하고, 먹고 가기 위해 온수기도 들여놔야 할 것인데 소비자가 1,500원짜리 라면을, 먹고 갈 수 없는 일반 슈퍼마켓에서 1,000원에 판매한다고 편의점에서도 1,000원에 팔수는 없는 노릇 아닌가?

이와 같다. 역지사지로 입장을 바꾸어보면 답이 나온다.

보통 세무사 사무실에서 월정료로 받는 기장료는 대부분 세무사 사무실에 근무하는 직원들의 급여로 나간다. 즉, 순이익이 아니라는 것이다. 그래서 기장료 외에 조정료(소득세 신고 수수료)와 같은 비용으로 순이익을 달성한다. 그런데, 나의 일을 대신 해주는 직원들의 급여로 나갈 기장료를, 최저 10만원은 받아야 하는데 5만원에 해달라고 한다면, 과연 정상적인 서비스가 이루어질 수 있을까? 당연히 아니다. 정당한 비용을 내고 정당한 서비스를 받는 것. 이것이 생각 보다 어렵다. 사업을 오래하는 대표님들의 이야기를 들어보면, 싼 맛에 월 기장료 5만원, 7만원짜리 세무사를 쓰다가 서비스가 마음에 들지 않아 결국 제 값 주고 제대로 서비스를 제공하는 세무사로 기장을 옮기는 사례를 많이 보았다.

한명의 직원이 급여가 200만원이라고 가정했을 때, 기장료를 업체별로 10만원씩 받는다면 20개의 거래처가 있으면 되는데, 5만원씩 받는다면 40개의 거래처가 있어야 한다. 과연 한명이 20개를 처리하는 것이 효율적일까? 한명이 40개를 처리하는 것이 효율적일까?

Chapter6. 법무이야기

(상표등록의 중요성)

상표등록은 우리가 사업을 함에 있어서 아주 중요한 요소이다. 창업을 하고 매장을 운영하다보면 정말 다양한 일들이 발생하는데, 점주는 사소한 일 하나에도 예민해질 수밖에 없다. 왜냐하면 우리는 치열한 생존을 위해 일을 하는 것이기 때문이다. 그렇다면 지금부터 이야기하는 상표등록의 중요성에 대해 꼭 알아야 한다.

보통 개인 창업자들의 경우에는 그냥 소소하게 매장 하나 운영 하는 것인데, 무슨 상표등록이 필요하냐고 반문한다. 하지만 지금은 단기간만 하고 그만둘 것이 아니라면 상표등록을 권장한다.

어느 날, 당사의 카드단말기를 사용하는 가맹점에서 부랴부랴 연락이 왔다. 내용인즉슨, 현재 블로그와 사이트에 올라가 있는 본인매장의 간판사진을 내려달라는 요청이었다. 상황파악을 해보니, 해당 점주의 브랜드 명을 동일한 업종을 영위하는 곳에서 상표등록을 먼저 했고, 출원을 모두 끝내고 등록이 되었으니 간판을 내리라는 것이었다.

과거에는 연예인들이 운영하는 유명한 쇼핑몰에 대한 상표분쟁이 많았다. 상표헌터라고 불리는 상표 사냥꾼들이 쇼핑몰을 검색해가며 운영이 활발한 곳을 위주로 상표등록이 되어 있는지 확인 후 안 되어 있으면 먼저 출원을 하고, 해당 상표명을 계속 사용할 거면 비용을 내고, 아니면 바꾸라고 하는 사례가 많았다. 물론 지금도 비일비재하다.

마케팅 비용을 들여 브랜드를 키워놓았는데, 어처구니없게도 상표등록을 하지 않아 빼앗기게 된다면, 그동안의 노력이 물거품이 되는 것은 한순간이다. 그 당시 어떤 연예인은 과감하게 상표를 바꿨었고, 어떤 연예인은 브랜드명도 마음에 들고, 해당 브랜드와 상품 매칭이 잘 되어 있어 비용을 내고 사용하고 있다고 하기도 했다.

이 뿐만이 아니다. 방송에 뜨기만 했다면 일단 베끼는 곳들도 많이 생겨났고, 유명 요리전문가의 TV방송 프로그램에 출연해 유명세를 타게 된 어떤 매장도 모 회사에게 브랜드 명을 빼앗겨 화제가 되었던 적도 있었다.

이렇듯, 이제는 개인사업자, 소상공인에게도 충분히 일어날 수 있는 일이다. 특히나 무인매장과 관련된 사업을 하는 사람에게 '상표권'은 사업 초기부터 꼭 챙겨야 하는 절차이다. 프랜차이즈를 운영할 계획이라면 꼭 명심하자. 프랜차이즈를 할 생각이 없더라도 내가 어렵게 지은 브랜드명에 대한 권리를 보호 받기 위해서는 상표 출원을 꼭 해야 한다. 또한 장사가 잘되면 주변에서 가맹점을 내달라는 연락을 받게 되는데, 가맹사업을 전개하기 위해서는 상표출원은 선택이 아닌 필수이다.

에필로그 : 마지막으로 작가의 말

: 사실 본 책은 2020년 11월부터 원고를 작성해왔습니다. 2021년 3월을 목표로 하였는데, 업무가 바쁘기도 했고, 정신없이 달려오느라 9월이 다다르고 나서야 책을 마무리 하게 되었습니다. 저는 전문적으로 글을 쓰는 사람도 아니거니와 글 솜씨가 뛰어나지도 않습니다만, 그간의 경험들을 통해 느끼고 배운 것들을 공유하고, 이를 통해 '무인 매장' 창업을 하시려는 분들께서 조금이라도 도움이 되셨으면 좋겠습니다. 꽤 긴 시간 작성한 책이지만 이 책으로나마 독자여러분들께 어떠한 문제들이 발생하기 전에, 저의 간접경험을 통해 피해가실 수만 있다면 출간을 위해 준비한 시간들이 굉장히 뜻 깊을 것 같습니다.
감사합니다.

P.S 원고를 마무리하며, 상품 사입과 관련된 유통에 대한 부분과 IOT기술을 활용하여 매장을 운영하는 방법을 미처 다루지 못한 부분이 아쉬웠습니다.

굳이 매장을 가지 않아도 매장을 IOT 기술을 활용하여 제어할 수 있는 방법은 얼마든지 있습니다. 이러한 내용들은 적용하기 쉽게 정리하여 공식홈페이지 및 한비소프트 공식 블로그에 업로드를 하도록 하겠습니다.

- 인포커뮤니케이션즈 대표 박지민 -